LETTRES

SUR

LA CONSTITUTION DE 1852.

PARIS. — TYPOGRAPHIE DE HENRI PLON,

IMPRIMEUR DE L'EMPEREUR,

RUE GARANCIÈRE, 8.

LETTRES

A UN MEMBRE DU PARLEMENT D'ANGLETERRE

SUR

LA CONSTITUTION DE 1852

(LES MINISTRES, LE CONSEIL D'ÉTAT, LE CORPS LÉGISLATIF, LE SÉNAT),

PAR

C. LATOUR DU MOULIN

DÉPUTÉ AU CORPS LÉGISLATIF,

ANCIEN DIRECTEUR DE L'IMPRIMERIE, DE LA LIBRAIRIE ET DE LA PRESSE,

---

PARIS

LIBRAIRIE D'AMYOT, ÉDITEUR

8, RUE DE LA PAIX.

1861

Tous droits de traduction ou de reproduction réservés.

LETTRES

A UN MEMBRE DU PARLEMENT D'ANGLETERRE

SUR

LA CONSTITUTION DE 1852.

Ces lettres devaient être la préface d'un travail beaucoup plus étendu, mais encore inachevé, que j'ai entrepris sur l'administration française comparée à celle de l'Angleterre. Le retentissement de la discussion de l'adresse m'a décidé à les publier. Peut-être apprécierez-vous mieux en les lisant le sens véritable des modifications que le décret du 24 novembre 1860 apporte à la Constitution du 14 janvier 1852.

D'autres plus autorisés que moi l'ont déjà indiqué, en dépit des tendances qui se sont manifestées dans de récents discours, les mesures libérales dont l'Empereur a pris l'heureuse initiative n'auront pas pour ré-

sultat le rétablissement de l'ancien régime parlementaire. — La France, éclairée par l'expérience, a fini
par comprendre que ce régime si vanté ne pouvait
enfanter que l'agitation et le désordre. Elle a accepté
comme un bienfait des institutions qui, tout en em-
pruntant aux idées de 1789 ce qu'elles ont de rationnel
et de conforme au progrès des mœurs, ont rendu au
chef de l'État une sérieuse autorité, et elle veut résolûment leur maintien. Le décret du 24 novembre
« n'altère en rien l'esprit de la Constitution »[1]; il
n'est pas l'abandon des principes sur lesquels s'est ap-
puyé jusqu'ici le gouvernement impérial, il est leur
consécration. Le droit accordé à la nation de faire entendre l'expression de ses vœux à Celui qu'elle a chargé
de ses destinées n'est, en effet, que la conséquence
naturelle d'un système politique qui s'enorgueillit
d'avoir eu pour base la volonté de tous. Rien n'est
changé dans l'organisation des pouvoirs publics; malgré les concessions qui nous ont été faites, malgré
d'autres améliorations que je crois désirables, ils sont
et ils resteront, respectivement, tels que les a créés la

---

[1] Discours de l'Empereur à l'ouverture de la session législative, le 4 février 1861.

Constitution de 1852. Et je pense vous en mieux convaincre par l'analyse raisonnée de leurs attributions et par l'exposé des faits, que par des dissertations exclusivement théoriques.

Pour qu'une pareille étude soit profitable, il faut être absolument impartial et se dégager de l'esprit de parti. Le juste milieu n'a presque jamais existé en politique que de nom; l'Angleterre vous en fournit chaque jour une preuve nouvelle, et les conservateurs auxquels, sous le règne du roi Louis-Philippe, on donnait cette qualification pittoresque, se montrèrent les aveugles partisans d'un régime dont ils hâtèrent la chute par leur imprévoyante opiniâtreté. De même qu'ils louaient tout systématiquement, l'opposition attaquait tout sans mesure : journaux, brochures, discours de tribune étaient consacrés alors à la défense ou à la critique des actes du gouvernement, selon la cocarde des orateurs et des écrivains, et sans souci de la justice du blâme ou de la véracité de l'éloge. Il en est résulté une sorte de défiance instinctive de la part des masses, que ces exagérations contradictoires auraient rendues sceptiques, si auprès d'elles les panégyristes du principe d'autorité ne devaient pas toujours avoir moins de succès que ses détracteurs systématiques.

En cherchant à n'être que *vrai*, je parviendrai, je l'espère, à vous démontrer que notre mécanisme constitutionnel, assurément perfectible dans ses détails, contient du moins tous les éléments d'un gouvernement à la fois libéral et stable et qu'il offre, plus que le vôtre lui-même, d'incontestables garanties non-seulement contre la révolution, mais contre l'arbitraire.

Quelque parfaite que soit d'ailleurs en théorie une constitution, sa valeur réelle varie suivant l'application des principes qu'elle consacre.

Avril 1861.

N. B. J'ai cru devoir joindre à ces lettres — pour les lecteurs français — des notes explicatives de votre organisation politique. Elles ont été, presque toutes, empruntées au texte même des nombreux *statuts* qui sont l'unique source du droit public de l'Angleterre.

I

L'Empereur ne se trouve pas, comme votre reine [1]
et comme les autres souverains qu'on nomme con-
stitutionnels, à l'abri de toute responsabilité directe;
il est au contraire le chef responsable du gouvernement français [2]. Il partage la puissance législative avec le Sénat et avec le Corps législatif [3];
mais, comme pouvoir exécutif, son indépendance
est complète [4], et les ministres n'ont jamais, à au-

[1] *The king can do no wrong*, telle est la formule de la constitution
anglaise; mais elle est bien loin de résumer aujourd'hui l'opinion que
Jacques Ier avait de l'autorité royale. « C'est athéisme et blasphème, écri-
vait-il, de disputer sur la pensée de Dieu; les bons chrétiens se contentent
de sa volonté, révélée par sa parole. De même c'est présomption et manque
de respect au premier chef, de la part d'un sujet, que de disputer sur le
pouvoir d'un roi, et de dire qu'un roi peut faire ceci ou cela. (*King Jame's
Works*, p. 557.) Le Parlement a maintenant le droit de faire des lois sur
toutes les matières, même en matière religieuse. « Son pouvoir est absolu
et sans contrôle. » (*Stephen's Blackstone*, t. 2, p. 366.) Le souverain doit,
à son avénement, faire une déclaration contre le papisme, conformément à
un statut de Charles II, 30 st. 2, c. 1; l'acte d'union avec l'Écosse l'oblige
aussi à jurer d'y maintenir la religion presbytérienne.

[2] Constitution du 14 janvier 1852, art. 5.

[3] *Id.*, art. 4.

[4] L'Empereur a seul l'initiative des lois (art. 8); seul il fait les traités de
paix, d'alliance et de commerce (art. 6), sans être obligé, comme la reine

cune époque, mieux justifié leur titre de secrétaires d'État. Ce sont des conseillers officiels de la couronne sans responsabilité collective, chargés chacun d'un département spécial et travaillant séparément avec l'Empereur pour les affaires de ce département. La Constitution déclare que les ministres ne sont point solidaires [1]; et si le principe établi par elle avait été suivi littéralement, toutes les mesures auraient pu être décidées à l'insu de ce que vous appelez *le cabinet*. — Les ministres se réunissent deux fois par semaine; mais on ne doit traiter en conseil que les questions dont il convient au chef de l'État de les saisir et sur lesquelles il ne les consulte qu'en réservant sa décision suprême. C'est là le droit. — Ai-je besoin d'ajouter

d'Angleterre, de les soumettre à la sanction des chambres; et dans le cas où il ne laisserait aucun héritier légitime ou adoptif, le sénatus-consulte du 7 novembre 1852 lui donne le droit de régler l'ordre de succession au trône dans la famille Bonaparte. — Les statuts 13 d'Élisabeth, c. 1 et 6, et d'Anne, c. 7, déclarent coupable de haute trahison celui qui nierait le droit qu'a la reine, avec le concours du parlement, de limiter l'ordre de succession au trône.

[1] Les ministres ne dépendent que du chef de l'État; ils ne sont responsables que chacun en ce qui le concerne des actes du gouvernement. Il n'y a pas de solidarité entre eux. (Constitution, art. 13.) — Le nombre des ministres anglais n'est déterminé par aucun statut; en droit strict, le souverain nomme et révoque ceux qu'il lui plaît. Le chef du cabinet est le premier lord de la trésorerie. En France, les ministres seuls sont membres du conseil; en Angleterre on y appelle quelques autres hauts fonctionnaires.

que son application n'a jamais été rigoureuse? En
fait, la situation des conseillers de la couronne dif-
fère moins aujourd'hui qu'on ne le suppose de celle
qu'avaient à une autre époque les membres du gouvernement; leur autorité personnelle, qui est, il est
vrai, d'une autre nature, a plutôt augmenté qu'elle
n'a diminué depuis le rétablissement de l'Empire.
Autrefois, le conseil paraissait omnipotent; tout,
jusqu'aux nominations des moindres fonctionnaires,
devait lui être préalablement soumis; tout y était
examiné, discuté, et lorsque le souverain se trouvait
en désaccord avec ses ministres, il n'avait d'autre
alternative que de subir leur opinion, ou, ce qui était
souvent difficile, leur donner des successeurs. « Le
» roi régnait, disait-on alors, il ne gouvernait pas. »
Mais ce mot ingénieux d'un homme politique éminent
était-il exact dans la pratique? et serait-il plus applicable à l'Angleterre elle-même qu'à la France, si, à la
place d'une reine inoffensive, elle avait un roi comme
Robert Peel ou lord Palmerston? Le prestige de l'autorité suprême, rehaussé par une véritable capacité, pè-
sera toujours d'un grand poids dans la destinée des
gouvernements parlementaires. D'ailleurs, cette soli-

darité des ministres, que ne peut plus motiver au même degré le besoin de préparer une défense commune devant les chambres, n'était pas sans inconvénients. Nécessaire à leur intérêt collectif, elle était essentiellement nuisible à leur action individuelle. Aucun d'eux ne devait rien faire d'important sans l'assentiment de ses collègues; absorbés par les exigences quotidiennes de la tribune, harcelés par la presse, obligés de compter avec une majorité insatiable dont ils n'étaient jamais absolument sûrs, ils pouvaient à peine suffire à leur tâche et négligeaient forcément la direction des affaires du département qui leur était confié pour se consacrer à la politique, c'est-à-dire pour disputer leurs portefeuilles à d'habiles et infatigables rivaux [1].

[1] L'extrait suivant d'un travail qui, sous la même forme que celui-ci, a paru il y a vingt ans, et qui est dû à l'une des notabilités du régime parlementaire, m'a paru digne d'être cité à l'appui de mon opinion : « Un jeune homme inconnu, dit M. de Carné, trouve dans son » petit arrondissement soixante-quinze parents, alliés ou condisciples, » sur cent cinquante électeurs inscrits, qui consentent à lui ouvrir l'accès » des affaires publiques, où il reçoit pour mission de soigner en même » temps et ses propres intérêts et ceux de ses amis. — Il arrive à la » chambre, aborde la tribune et s'y tient bien. Il a grand soin de se pla-» cer dans les conditions requises pour naviguer toujours avec la presse, et » recevoir dans ses voiles le souffle quotidien de ses organes. La France ne » sait encore rien de lui, sinon qu'il a prononcé quelques discours heureux; » elle ignore quel gage il offre à la morale publique par son caractère et » par sa vie, de quelle puissance d'application, de quelle prudence et de » quelle mesure il peut être doué pour les affaires, et déjà peut-être

Je vous fais ici votre propre histoire; c'est ce qui se passe non-seulement en Angleterre, mais en Belgique, en Piémont, en Espagne et en Prusse, partout enfin où le régime parlementaire s'est plus ou moins heureusement développé ou maintenu. Une longue habitude, des mœurs différentes des nôtres atténuent chez vous les inconvénients de ce régime; il faut connaître exactement votre caractère national et votre organisation administrative pour expliquer la longue et pacifique durée de votre système politique. Mais le triomphe de la nouvelle réforme dont vous êtes le promoteur ne deviendra-t-elle pas un jour

» le voilà ministre. Il dirige, à la tête de l'instruction publique, le mouve-
» ment intellectuel d'un grand royaume; il a charge d'y combiner l'ensem-
» ble des plus gigantesques travaux; il préside son Conseil d'État, choisit
» ses magistrats, élabore et tranche les plus hauts problèmes de la législa-
» tion civile et criminelle ou de l'économie politique. Si vous exceptez, et
» je ne saurais trop vous dire pourquoi, les départements de la guerre et de
» la marine, il peut, sur le succès d'une session, quelquefois sur le résultat
» d'une intrigue, aspirer à tous les portefeuilles, conquérir les honneurs qui
» devraient être le couronnement de toute une existence, la consécration
» d'une renommée déjà européenne. C'est ainsi que le pays qui impose le
» concours ou les épreuves les plus difficiles pour les plus modestes fonc-
» tions, et qui tend de plus en plus à généraliser cette pratique salutaire,
» prend tous ses agents politiques au hasard ou à l'essai, sans autre garantie
» que des succès de tribune unis à quelque souplesse dans l'escrime parle-
» mentaire. » (*Lettres sur le gouvernement représentatif en France*, par
M. L. de Carné.) — Il est impossible de mieux définir les abus d'un système qui improvisait homme d'État quiconque était doué d'une parole
facile.

l'une des causes principales d'une autre réforme plus radicale et plus dangereuse? Les traditions surannées et les abus eux-mêmes sont peut-être la pierre angulaire de votre édifice social [1].

Nos ministres, vous disais-je, se trouvent isolés les uns des autres par la constitution et semblent cantonnés dans leurs départements respectifs. A moins de circonstances exceptionnelles, à moins qu'ils ne veuillent répudier la responsabilité exclusive de certains actes, ils ne sont tenus de communiquer leurs projets qu'à l'Empereur, ils ne doivent les discuter qu'avec lui. Assurés de son assentiment, ils n'ont, en droit strict, nul besoin de celui de leurs collègues. Or, l'Empereur, quel que soit son génie, ne pouvant avoir une somme de connaissances spéciales égale à celle que possède chacun de ses conseillers, leur influence est d'autant plus grande que leur mérite est plus facilement apprécié. — Je me hâte de vous rappeler, toutefois, que dans les questions importantes l'Empereur ne prend de résolution définitive qu'après avoir consulté le conseil des ministres,

---

[1] « C'est à l'étroite union des droits électoraux avec une multitude d'autres droits locaux ou publics que le système électoral a dû, en Angleterre, sa force et sa permanence. » (Guizot, *Des origines du gouvernement représentatif*, tome 2, p. 224.)

auquel il a souvent adjoint les membres du conseil privé. — La constitution dégage le gouvernement impérial des fictions menteuses sur lesquelles s'appuyaient les gouvernements parlementaires, mais elle laisse aux ministres la part de responsabilité relative qui incombe en France aux divers agents du pouvoir. Leur isolement, plus apparent que réel, ne serait regrettable que s'ils étaient obligés de sacrifier l'administration à la politique. Étant délivrés de toute responsabilité gouvernementale, ils peuvent se rendre un compte exact de toutes les affaires, consacrer à leur sérieuse étude le temps qu'on employait à des discussions stériles, ne négliger aucun détail et remplir auprès du souverain une mission analogue à celle dont sont chargés auprès d'eux-mêmes les directeurs des différents services. Ouvrez le *Moniteur* de ces dix dernières années, comparez-le à celui des vingt années qui ont précédé l'Empire, et vous verrez quelles ont été, au point de vue du bien-être et de la prospérité générale, de l'impulsion donnée au commerce et à l'industrie et des améliorations de tout genre, les conséquences du système qui a succédé au régime parlementaire.

Le décret du 24 novembre modifiera-t-il sensiblement

cette situation des ministres? Je ne le crois pas. Sans doute leurs réunions en conseil, surtout pendant la durée des sessions, n'auront pas le même caractère [1], et les orateurs officiels du gouvernement devront à peu près tout connaître. Mais le rejet des projets de loi défendus par MM. Baroche, Magne et Billault — qui, dans quelques circonstances, sera pour l'Empereur une utile indication des sentiments de la Chambre à l'égard de l'un de ses conseillers — ne compromettra pas plus l'existence du cabinet tout entier dont ils font partie à un titre spécial, que ne l'aurait compromise autrefois le retrait de certains projets dont M. Baroche (alors comme aujourd'hui membre du conseil des ministres) était le seul défenseur [2]. — L'institution des ministres sans portefeuille n'est point, comme on l'a prétendu, une innovation irréfléchie et transitoire qui fera naître d'inévitables conflits. Elle n'aboutira pas fatalement au retour des vieux usages parlementaires. Dans les temps de trouble

---

[1] Le président du Sénat et le président du Corps législatif assistent maintenant aux réunions du conseil des ministres.

[2] Pendant neuf ans, l'honorable M. Baroche n'a eu que des conseillers d'État pour auxiliaires dans la défense des projets de loi; et nos adversaires eux-mêmes ont été forcés de reconnaître la merveilleuse souplesse de son talent et la facilité avec laquelle il discute toutes les affaires.

et d'agitation constante auxquels voudraient nous ramener ceux pour qui l'expérience n'est pas un enseignement, deux ou trois membres du cabinet, habitués aux luttes de la tribune, ne supportaient-ils pas, presque exclusivement, le poids des discussions? Cela paraissait-il étrange et anormal? L'influence que la parole donnait à ces éloquents interprètes de la pensée commune n'inquiétait aucune susceptibilité. — La situation des nouveaux orateurs du gouvernement ne sera pas prépondérante, car la durée de leur mission spéciale sera courte. Sauf de rares exceptions, ils n'interviendront guère devant nous qu'à l'occasion des débats de l'adresse et du budget; pendant l'intervalle des sessions, leur pouvoir se trouvant plus limité, leur action sera plus restreinte que celle des ministres qui conservent le maniement des affaires. Ce sont uniquement des collaborateurs du président du Conseil d'État, représentant le gouvernement au même titre que lui, soit auprès du Sénat, soit auprès du Corps législatif, et qui viennent de prouver qu'ils suffisaient à leur mandat. Le nombre en serait d'ailleurs augmenté, suivant les éventualités qui se produiraient. — Les relations, très·

2

fréquentes et obligatoires, des ministres sans portefeuille avec le Conseil d'État, permettront aux ministres titulaires d'un département de s'y faire quelquefois suppléer par eux et de se renfermer ainsi
dans un rôle plus particulièrement administratif. —
Leur position respective est moins naturelle au Sénat,
où les uns parlent seuls au nom du gouvernement et
où les autres ne doivent exprimer leur opinion que
comme sénateurs, même sur les affaires qui les concernent comme ministres.

La question de savoir si tous les ministres ont ou
n'ont pas le droit de soutenir en personne les projets
de loi devant le Corps législatif et les projets de
sénatus-consulte devant le Sénat, aurait été digne
d'examen; l'Empereur l'a, selon moi, implicitement
résolue par l'institution des ministres sans portefeuille. En partant de ce principe élémentaire qu'on
peut tout ce qui n'est pas formellement interdit par la
loi, il est évident que le droit existe. Il serait trop
rigoureux de faire résulter une pareille interdiction de
l'article de la Constitution qui déclare incompatible le
mandat de député avec les fonctions ministérielles [1]. Les

—————
[1] Constitution, art. 44.

ministres pairs de France portaient la parole devant la Chambre des députés, et les ministres députés la prenaient à la Chambre des pairs, quoique ni les uns ni les autres ne fissent à la fois partie des deux Chambres. La Charte de 1814 et celle de 1830 [1] étaient plus explicites que la Constitution de 1852; cependant n'est-on pas aujourd'hui fondé à dire qu'en l'absence de disposition formelle, tous les membres du cabinet ayant les mêmes droits que les conseillers d'État, pourraient, eux aussi, être désignés comme commissaires du gouvernement [2]? La création, par un simple décret, de ministres chargés de la défense des projets de loi ne me semble pas, je le répète, laisser de doute à ce sujet [3].

[1] Charte de 1814, art. 54. — Charte de 1830, art. 47.

[2] Les ministres ont rang, séance et voix délibérative au Conseil d'État (Constitution, art. 53). Les messages et proclamations que l'Empereur adresse au Corps législatif sont apportés et lus en séance par les ministres ou les conseillers d'État commis à cet effet. (Décret impérial du 31 décembre 1852, art. 61.)

[3] L'art. 5 du décret du 24 novembre 1860 est ainsi conçu : « Pendant la durée des sessions, l'Empereur désignera des ministres sans portefeuille pour défendre devant les chambres, de concert avec le président et les membres du Conseil d'État, les projets de loi du gouvernement. » — Et l'article 4 du règlement du 3 février 1861 porte « qu'un décret de l'Empereur nomme les commissaires du gouvernement — sans indiquer que ce seront des ministres sans portefeuille — *ou* les conseillers d'État qui doivent en soutenir la discussion. »

2.

Si la lettre de la Constitution ne s'oppose pas à l'intervention des ministres dans les débats législatifs, son esprit est contraire à une résurrection, directe ou indirecte, du régime parlementaire; le jour où l'exception deviendrait la règle, et où ils se présenteraient tous devant la Chambre, ce ne seraient plus les projets de loi qui seraient en discussion, ce serait le gouvernement.

La tâche des ministres auxquels est spécialement réservée l'administration de la France, restera facile, car ils sont moins soumis que leurs devanciers aux ardentes critiques de la presse et au contrôle des influences individuelles, autrefois dominantes. Les sénateurs, les députés n'ayant pas sur eux la même action comminatoire, lorsqu'ils accueillent les observations des membres des deux Chambres, ils ne sont plus soupçonnés de conclure une transaction. Leur unique devoir est maintenant de diriger avec sagesse leurs départements respectifs, de ne soumettre à l'approbation du chef de l'État que d'utiles mesures, et de ne jamais oublier que si la Constitution les rend irresponsables, l'opinion publique sera pour eux un juge plus sévère, parce qu'il est plus impartial, que ne l'étaient les anciennes assemblées.

Tels sont les ministres sous le nouvel Empire. Ils ne peuvent pas espérer conquérir un jour l'importance politique de ceux qui n'ont su ni prévoir ni réprimer la révolution de 1848, mais rien ne les empêche d'aspirer à la gloire plus solide de Colbert et de Sully.

—

L'institution d'un conseil privé, qui n'a avec le vôtre aucune ressemblance, n'a point amoindri les ministres qui n'en font pas partie [1]. Les craintes que quelques-uns d'entre eux auraient pu concevoir ne se sont pas réalisées. Le conseil privé ne se réunit que très-rarement. C'est surtout une précaution pour l'avenir [2], c'est un conseil de régence

[1] Dans l'ordre des préséances, chose étrange assurément, les membres du conseil privé passent en France après les ministres.

Le lord président *of the council*, président du conseil privé, fait de droit partie du conseil des ministres, et tous les ministres sont, en Angleterre, membres du conseil privé.

[2] En principe, et d'après le *common law*, le roi n'est pas mineur en Angleterre. Il a toujours, en droit, une capacité entière pour remplir les fonctions royales; en fait cependant il peut avoir besoin d'un tuteur, d'un régent, et le Parlement l'a désigné dans plusieurs circonstances. La dernière loi de régence est l'acte Ier, W. IV, c. 2, pour le cas où la reine actuelle n'aurait pas été majeure au décès de son oncle. La reine Victoria avait atteint, depuis un mois à peine, sa majorité, c'est-à-dire sa dix-huitième année, lorsque Guillaume IV mourut. — Suivant une distinction faite par Pitt, l'hé-

éventuel [1] composé de personnages qui y ont été appelés à cause de leur situation particulière ou de leurs fonctions, et qui est un peu trop nombreux pour le but en vue duquel il a été créé. Vous voyez qu'il n'a pas d'autre analogie que celle du nom avec votre *privy council*, dont les attributions auraient plutôt quelques rapports éloignés avec notre Conseil d'État.

ritier présomptif n'a pas à la régence *a strict right*, un droit positif, mais *a paramount claim*, une sorte de candidature privilégiée, à laquelle le parlement doit ordinairement donner la préférence.

[1] Le conseil privé deviendra, avec l'adjonction des deux princes français les plus proches dans l'ordre d'hérédité, conseil de régence, dans le cas où l'Empereur n'en aurait pas désigné un autre par acte public. (D. I. du 1er février 1858.)

Je n'ai pas la prétention de vous faire ici l'historique du Conseil d'État; je craindrais de fatiguer votre attention par de trop longs détails. Toutefois il n'est pas sans intérêt de vous rappeler que s'il n'a qu'une ressemblance très-contestable avec votre conseil privé, son origine est à peu près la même. A toutes les époques, dans tous les pays, les souverains ont compris l'utilité d'avoir auprès d'eux, et en dehors des agents directs de leur autorité, un ou plusieurs conseils qu'ils se réservaient de consulter habituellement ou dans des cas particuliers. En Angleterre, le conseil privé est resté, comme toutes les autres institutions administratives, à l'état primitif, tandis qu'en France il s'est successivement développé, modifié et transformé depuis les ordonnances de 1644 et de 1657 et l'édit de 1673, jusqu'au décret de 1852[1].

[1] Ordonnances de 1644 et de 1657, édit du 3 janvier 1673, ordonnances de d'Aguesseau de 1737 et 1738, ordonnance de Louis XVI du 9 août 1789,

Je n'affirmerai pas néanmoins que, quelque bien organisé qu'il soit aujourd'hui, le Conseil d'État ne puisse recevoir encore diverses améliorations; vous en apprécierez l'opportunité lorsque vous connaîtrez sa constitution générale.

Le Conseil d'État est l'un des rouages essentiels du nouvel Empire; c'est un utile contre-poids au libre arbitre des ministres, qui sont obligés de soumettre à son contrôle permanent non-seulement le budget et tous les projets de loi et de sénatus-consulte, mais les virements de crédit, les règlements d'administration publique et tous les décrets qui ont une certaine importance [1]. « Il rédige les projets de loi et prépare les

décrets de l'Assemblée constituante du 19 août 1790, lois du 11 septembre, du 14 octobre et du 1er décembre 1790, loi du 25 mai 1791, art. 52 de la constitution de l'an VIII, arrêté consulaire du 5 nivôse an VIII, sénatus-consulte du 18 fructidor an X, arrêté du 9 germinal an XI, sénatus-consulte du 28 floréal an XII, décrets du 11 juin 1806, 26 décembre 1809, 7 avril 1811; ordonnance du 29 juin 1814, ordonnance du 23 août 1815, ordonnance du 26 août 1824, ordonnance du 1er juin 1828, ordonnances des 2 février et 12 mars 1831, ordonnances du 18 septembre 1839 et règlement intérieur du Conseil d'État du 19 juin 1840, loi du 19 juillet 1845, ordonnance du 30 novembre 1845, constitution de 1848, loi du 3 mars 1849, règlement du 16 juin 1850, décret du 25 janvier 1852, règlement du 30 janvier 1852, décrets des 22, 25 mars et 31 décembre 1852, décret confirmatif du 3 février 1861.

1 Les projets de loi et de sénatus-consulte, les règlements d'administration publique préparés par les différents départements ministériels, sont soumis à l'Empereur, qui les remet directement ou les fait adresser par le

» décrets qui statuent : sur les **affaires administratives**
» dont l'examen lui est déféré **par des dispositions lé-**
» gislatives ou réglementaires, sur le contentieux ad-
» ministratif, sur les conflits d'attribution entre l'auto-
» rité administrative et l'autorité judiciaire ; il est
» nécessairement appelé à donner son avis sur tous les
» décrets portant règlement d'administration publique
» ou qui doivent être rendus dans la forme de ces rè-
» glements ; il connaît des **affaires de haute police ad-**
» **ministrative** à l'égard **des fonctionnaires dont** les
» actes sont déférés à sa connaissance ; enfin il donne
» son avis sur toutes les questions qui lui sont sou-
» mises par l'Empereur. » (Décret organique du 25 janvier 1852, art. 1ᵉʳ.) Cet article est complété par l'article 13 du règlement intérieur du 30 janvier, qui
fait l'énumération des affaires portées à l'assemblée
générale du conseil (Voir page 32.) Mais le décret
sur la décentralisation administrative du 25 mars
suivant a enlevé à l'examen du Conseil d'État un assez
grand nombre d'affaires d'intérêt départemental ou
communal, que l'autorité locale (le préfet) décide seule

ministre d'État au président du Conseil d'État. (Décret impérial du 31 décembre 1852, confirmé par celui du 3 février 1861.)

aujourd'hui. Il ne doit plus statuer que sur les affaires départementales et communales qui touchent à l'intérêt général de l'État, telles que l'approbation du budget des départements, les impositions extraordinaires et les délimitations de territoire.

Il se compose d'un président, d'un vice-président, de cinquante conseillers en service ordinaire, de dix-huit conseillers en service ordinaire hors section ; de conseillers en service extraordinaire dont le nombre ne peut s'élever au delà de vingt ; de quarante maîtres des requêtes partagés également en deux classes ; de quatre-vingts auditeurs, dont quarante de première classe et quarante de seconde classe, et d'un secrétaire général qui a rang de conseiller. L'Empereur nomme et révoque tous les membres du Conseil d'État. Ils ne peuvent être en même temps sénateurs ou députés, contrairement à ce qui se passait autrefois, et leurs fonctions sont incompatibles avec toute autre fonction publique salariée [1]. Il n'y a d'exception à cette règle que pour les officiers généraux de terre et de mer, qui

---

[1] Le cumul de fonctions salariées était autorisé sous la Restauration. Sous la monarchie de 1830, on pouvait être à la fois conseiller d'État en service ordinaire et pair de France ou député ; mais le cumul de fonctions rétribuées était interdit.

sont alors considérés comme étant en mission hors cadre.

Le Conseil d'État se divise en cinq sections répondant aux divers services publics, et en une section spécialement chargée de résoudre les nombreuses difficultés qui s'élèvent entre l'État et les particuliers. Ce sont : 1° la section de législation, justice et affaires étrangères [1], présidée par le vice-président du conseil; 2° la section de l'intérieur, de l'instruction publique et des cultes ; 3° la section des travaux publics, de l'agriculture et du commerce ; 4° la section de la guerre et de la marine ; 5° la section des finances [2]; 6° enfin la section du contentieux, dont je vous expliquerai sommairement le rôle considérable. — Sauf cette dernière section, qui a des analogies réelles avec le comité judiciaire

[1] Cette section, outre les attributions qui sont indiquées par son titre, est chargée de l'examen des poursuites intentées contre les agents du gouvernement, des recours ou appels comme d'abus, des changements ou additions de nom et des naturalisations ordinaires ou exceptionnelles. Le président du Conseil d'État peut toujours la réunir à telle autre section spécialement chargée de la préparation d'une loi ou d'un règlement d'administration publique. (Règlement, art. 7.)

[2] Toutes les liquidations de pension sont réservées à la section des finances. Cette section fait à l'assemblée générale les rapports des projets de règlement relatifs aux caisses de retraite des administrations publiques. (Art. 9, décret organique.)

(judicial committee) du conseil privé[1], rien de tout cela n'existe en Angleterre. Aussi lord Brougham, dont vous ne récuserez pas le témoignage, a-t-il pu se plaindre très-vivement, dans son *Essai sur la Constitution*, de la négligence avec laquelle les actes du Parlement sont préparés. « C'est, dit-il, un reste du bon » vieux temps et de l'habitude de tout laisser faire aux » commis[2]. »

Le Conseil d'État a des attributions à la fois politiques et administratives. Son président a le rang de ministre[3], il reflète auprès de lui la pensée gouvernementale, et les ministres eux-mêmes en font partie de droit[4]; si tous ne défendent pas devant le Corps législatif et devant le Sénat les projets de loi et de sénatus-consulte, tous peuvent les discuter avec le Conseil d'État. S'ils n'y viennent pas en personne, ils s'y font représenter par ceux de leurs chefs de service qui ont le titre de conseillers hors section.

---

[1] Cependant, en France, les arrêts du Conseil d'État doivent être sanctionnés par l'Empereur, tandis qu'en Angleterre, ceux du conseil privé sont exécutoires sans que la reine ait à intervenir.

[2] Page 52.

[3] Depuis le décret du 24 novembre, le président du Conseil d'État a pris le titre de ministre sans portefeuille.

[4] Décret organique, art. 3.

Lorsque le Conseil d'État en assemblée générale (toutes les sections réunies) a adopté un projet de loi ou de sénatus-consulte, il se l'approprie en quelque sorte, ce sont ses délégués qui le présentent au Corps législatif et au Sénat et qui, seuls ou de concert avec les ministres sans portefeuille, sont chargés d'en soutenir la discussion [1]. Mais, avant d'être discutés en assemblée générale, les projets du gouvernement, qu'il s'agisse d'une loi, d'un sénatus-consulte, d'un règlement d'administration publique ou d'un simple décret, doivent être préalablement soumis à l'examen de la section du Conseil à laquelle ils correspondent [2], et ce n'est qu'après avoir été acceptés par cette section et sur l'exposé verbal d'un de ses membres [3] (conseiller d'État ou maître des requêtes, sui-

[1] L'Empereur désigne trois conseillers d'État pour soutenir la discussion de chaque projet de loi présenté au Corps législatif ou au Sénat. L'un de ces conseillers peut être pris parmi les conseillers en service ordinaire hors section. (Décret organique, art. 15.) Cet article est confirmé par l'art. 4 du décret réglementaire du 3 février 1861.

[2] Les différentes sections administratives sont chargées de l'examen des affaires afférentes aux divers départements ministériels auxquels elles correspondent. Elles sont également chargées, sur le renvoi de l'Empereur, de rédiger les projets de loi qui se rapportent aux matières rentrant dans les attributions de ce département. (Règlement, art. 7.)

[3] Les rapporteurs sont ordinairement désignés par les présidents de section; mais cette désignation peut être faite par le président du Conseil d'État. (Règlement, art. 1er.)

vant la gravité des affaires) qu'ils sont renvoyés aux sections réunies [1]. Tous les amendements aux projets de loi ou de sénatus-consulte proposés par le Corps

[1] Sont portés à l'assemblée générale du Conseil d'État : les projets de loi et les projets de règlements d'administration publique; les projets de décrets qui ont pour objet : 1° l'enregistrement des bulles et autres actes du saint-siége; 2° les recours pour abus; 3° les autorisations de congrégations religieuses et la vérification de leurs statuts; 4° les prises maritimes; 5° les concessions de portions du domaine de l'État et les concessions de mines, soit en France, soit en Algérie; 6° l'autorisation ou la création d'établissements d'utilité publique fondés par les départements, les communes ou les particuliers; 7° l'établissement de routes départementales, de canaux et chemins de fer d'embranchement, qui peuvent être exécutés par décrets du pouvoir exécutif; 8° la concession de desséchements; 9° la création de tribunaux de commerce et de conseils de prud'hommes, la création ou la prorogation de chambres temporaires dans les cours ou tribunaux; 10° l'autorisation de poursuites intentées contre les agents du gouvernement; 11° les naturalisations, révocations et modifications des autorisations accordées à des étrangers d'établir leur domicile en France; 12° l'autorisation aux établissements d'utilité publique, aux établissements ecclésiastiques, aux congrégations religieuses, aux communes et départements d'accepter des dons et legs dont la valeur excéderait 50,000 fr.; 13° les autorisations de sociétés anonymes, tontines, comptoirs d'escompte et autres établissements de la même nature; 14° l'établissement de ponts avec ou sans péage; 15° le classement des établissements dangereux, incommodes ou insalubres, la suppression de ces établissements dans les cas prévus par le décret du 15 octobre 1810; 16° les tarifs des droits d'inhumation dans les communes de plus de 50,000 âmes; 17° les établissements ou suppressions de tarifs d'octroi et les modifications à ces tarifs; 18° l'établissement de droits de voirie dans les communes de plus de 25,000 âmes; 19° les caisses de retraite des administrations publiques départementales ou communales; 20° les diverses affaires qui, n'étant pas désignées dans le présent article, sont, après examen par une section, renvoyées à l'assemblée générale par ordre du président de la république; 21° enfin les affaires qu'à raison de leur importance les présidents de section, d'office ou sur la demande de la section, croient devoir envoyer à l'examen de ladite assemblée, ainsi que celles sur lesquelles le gouvernement demande qu'elle soit appelée à délibérer. (Décret du 30 janvier 1852, portant règlement intérieur pour le Conseil d'État, art. 13.)

législatif ou par le Sénat deviennent également l'objet des délibérations du Conseil d'État qui, seul, les repousse ou les adopte. Lorsque son avis est défavorable aux amendements du Corps législatif, ils sont considérés comme non avenus [1].

L'importance du Conseil d'État n'est pas moins grande comme tribunal administratif que comme corps politique. Je pourrais même ajouter que, si l'utilité de son caractère politique a été souvent contestée, on a toujours reconnu la nécessité d'un tribunal suprême pour l'administration. Il est facile de comprendre que des considérations d'ordre public et le respect de la hiérarchie ne permettent pas de confier à la justice ordinaire la solution des conflits qui s'élèvent entre de simples citoyens et les représentants du pouvoir exécutif. L'égalité devant la loi, ce principe immuable en matière civile ou criminelle, qui est inscrit en tête de nos codes, ne saurait être admis d'une façon aussi absolue en matière administrative [2]. C'est même en

---

[1] Règlement du 3 février 1861, art. 62.

[2] Dans les affaires de droit civil ordinaire, les parties en présence procédant au même titre ont droit aux mêmes avantages, et la balance ne peut jamais pencher pour l'une au détriment de l'autre. — Dans les affaires administratives, l'intérêt public réclame certaines facilité , certains tempéra-

quelque sorte le principe contraire qui doit être suivi , car là où l'intérêt de tous est évident, l'intérêt d'un seul doit disparaître. Il faut assurément de sérieuses garanties contre l'arbitraire ; mais les relations de l'État, qui agit au nom de tout le monde, avec les particuliers qui n'agissent que pour eux-mêmes, doivent être autrement définies que les relations des citoyens entre eux [1]. Et ceux-là seulement qui ont une connaissance exacte des lois spéciales, des ordonnances ou des arrêtés en vertu desquels ont procédé les fonctionnaires incriminés , sont aptes à juger ces fonctionnaires. De là l'établissement des tribunaux administratifs auxquels le Conseil d'État sert de cour d'appel dans certains cas déterminés, tandis que dans une infinité d'autres sa juridiction est unique.

Dans l'une et l'autre hypothèse, c'est devant la sec-

---

ments, qui, sans altérer le droit, sont de nature à en modifier l'application. (Vivien, *Études administratives*, tome Ier, page 140.)

[1] Prenons un exemple. Lorsque le préfet de police, pour une cause quelconque, interdit la circulation dans une rue, les marchands et les autres personnes qui habitent cette rue souffrent de l'interdiction; néanmoins, ils n'ont pas le droit de s'y opposer. Si au contraire un simple citoyen, pour une cause même légitime, met un empêchement à la libre circulation de la voie publique, non-seulement il peut être poursuivi au nom de l'État, mais les particuliers qui auraient été lésés peuvent faire condamner ce simple citoyen à des dommages et intérêts.

tion du contentieux que sont portées toutes les affaires. « Le contentieux administratif, dit Vivien, se
» compose de toutes les réclamations fondées sur la
» violation des obligations imposées à l'administra-
» tion par les lois et règlements qui la régissent ou
» par les contrats qu'elle souscrit; ainsi toute loi
» qui établit une compétence, qui trace une forme
» d'instruction ou qui pose une règle de décision,
» peut donner ouverture à un débat contentieux, s'il
» est allégué que la compétence soit intervertie, la
» forme inobservée ou la règle enfreinte. Tout con-
» trat passé par l'administration a le même effet, si
» le sens ou l'exécution en sont contestés [1]. » Le
rapport écrit des affaires contentieuses est fait en
séance publique de l'assemblée du Conseil [2]. Cette
assemblée ne se compose, exceptionnellement, que
des membres de la section du contentieux [3] et de
dix conseillers pris en nombre égal dans chacune des

---

[1] T. I, p. 125.

[2] L'assemblée du Conseil d'État délibérant au contentieux est présidée
par le président de la section du contentieux.

[3] La section du contentieux se compose du président de la section, de
cinq conseillers, de sept maîtres des requêtes, non compris trois commissaires du gouvernement, et de treize auditeurs. Les conseillers des autres
sections qui font partie de l'assemblée du contentieux sont désignés par
l'Empereur, et renouvelés par moitié tous les deux ans.

3

différentes sections administratives, et elle ne se prononce qu'après avoir entendu les conclusions d'un maître des requêtes remplissant auprès d'elle les fonctions de commissaire du gouvernement. Des observations verbales peuvent être présentées par les avocats à l'appui de leurs mémoires. Les arrêts sont formulés en décret portant : *Le Conseil d'État délibérant au contentieux entendu* [1].

Telle est, en résumé, l'organisation politique et administrative du Conseil d'État. Le contrôle qu'il exerce est, vous le voyez, très-sérieux et presque minutieux. C'est dans son sein, a-t-on dit quelquefois, que s'est réfugié l'esprit d'opposition ; mais ceux qui tiennent ce langage confondent sans doute l'opposition avec l'indé-

---

[1] Les décrets rendus après délibération de l'assemblée générale du Conseil d'État mentionnent seuls : *Le Conseil d'État entendu.* Les décrets rendus après délibération d'une ou de plusieurs sections indiquent les sections qui ont été entendues (décret organique, art. 145). La présence de trois conseillers d'État est nécessaire pour valider les délibérations des sections (art. 6 du règlement) ; mais la section du contentieux ne peut délibérer si quatre au moins de ses membres ayant voix délibérative ne sont présents, et il faut la présence de onze membres pour l'assemblée du conseil délibérant au contentieux. Enfin, l'art. 13 du décret organique exige la présence d'au moins vingt membres ayant voix délibérative pour valider la délibération de l'assemblée générale. En cas de partage, la voix du président est prépondérante dans les sections comme dans les assemblées générales du Conseil d'État. Si les décrets ne sont pas conformes aux propositions du Conseil d'État délibérant au contentieux, ils doivent être insérés au *Moniteur* et au *Bulletin des lois.*

pendance, et ne comprennent pas assez que, lorsque les contrôleurs travaillent à huis clos[1], ils ne sauraient se montrer trop sévères. La critique des actes d'un gouvernement n'a d'inconvénients réels que par la publicité. Il ne faut pas oublier non plus que si, en fait, l'opinion du Conseil d'État modifie souvent celle des ministres, en droit elle n'est que consultative. C'est tout à la fois le conseil intime et officiel du gouvernement, son organe devant le Corps législatif et devant le Sénat, et le bouclier derrière lequel vient s'abriter l'irresponsabilité ministérielle; les princes de la famille impériale ont la faculté d'y siéger. Ses attributions sont, au point de vue politique, bien plus considérables qu'elles ne l'ont jamais été. Sous Louis-Philippe, et même sous la Restauration, l'active surveillance des Chambres et leur omnipotence auraient rendu sans objet les prérogatives qui lui sont actuellement conférées; il se renfermait alors dans un rôle presque exclusivement administratif. Aussi la Charte de 1814 ne daignait-elle pas le mentionner au nombre des institutions sur lesquelles allait s'appuyer le nouveau régime. Le Conseil

[1] Les séances du Conseil d'État ne sont pas publiques, à l'exception de celles de l'assemblée du Conseil siégeant au contentieux. Cependant les conseillers d'État siégent toujours en uniforme, — ce qui est bizarre.

3.

d'État est constitué, dans son ensemble, de façon à seconder merveilleusement le système politique qui a été inauguré le 2 décembre 1851.

Cependant je vais essayer de vous démontrer qu'il serait nécessaire d'introduire certaines modifications de détail dans quelques-uns de ses rouages.

L'organisation du conseil d'État semble des plus simples au premier aspect. Le titre de chacun de ses membres paraît indiquer la nature de son intervention ; vous devez supposer que les conseillers délibèrent et se prononcent seuls sur les rapports des maîtres des requêtes ; que les auditeurs, admis aux discussions sans avoir le droit d'y prendre part, assistent les conseillers et les maîtres des requêtes dans les recherches nécessaires à leurs travaux et se préparent ainsi, par une étude réfléchie de l'administration, à l'exercice des hautes fonctions publiques. C'est là, en effet, le principe qui a été posé, et l'application en était facile ; mais ce n'est pas celui qui a été suivi. Le décret organique du 25 janvier 1852 et le règlement intérieur du 30 du même mois, au lieu de le consacrer, établissent une confusion regrettable entre des attributions si naturellement définies. En vertu de ces décrets, les conseillers ne sont pas seuls admis à délibérer; les maîtres des requêtes, sans distinction de classe, ont voix consultative dans toutes les affaires et voix délibérative dans celles dont ils sont les rapporteurs; bien plus, les conseillers sont chargés comme eux de faire des rapports, ce qui s'explique pour les projets de loi ou de sénatus-consulte que seuls ils soutiennent devant le Corps législatif et devant le Sénat, mais ce qui se justifie moins peut-être lorsqu'il s'agit de simples décrets; enfin les auditeurs eux-mêmes prennent souvent part aux discussions. Quelle est la nécessité de deux classes de maîtres des requêtes, si les uns et les autres ont des attributions identiques? Pour être logique dans cette fausse voie, il faudrait aussi deux classes de conseillers. La Cour des comptes procède avec plus de régularité. Les conseillers référendaires, qu'on peut assimiler aux maîtres des requêtes, après avoir soigneusement vérifié les comptes et les pièces à l'appui qui leur ont été distribués par l'ordre du premier président, font un rapport raisonné contenant les propositions qu'ils croient devoir soumettre à la chambre dont ils dépendent; ce rapport est contrôlé par un conseiller maître qui opine le premier, et sur les conclusions duquel les autres maîtres délibèrent et statuent. Il est vrai que les référendaires sont beaucoup plus nombreux que les maîtres des requêtes. Mais, pourquoi ne pas augmenter le nombre de ceux-ci, puisque les nécessités du service l'exigent, sans diminuer pourtant celui des conseillers d'État, dont on aurait la faculté d'utiliser l'expérience en dehors même du conseil? La division des référendaires en deux classes est motivée par la catégorie des travaux qui leur sont réservés. Quant aux auditeurs, qui aujourd'hui sont dans le Conseil d'État une complication sans objet bien déterminé, je comprendrais qu'on les divisât en deux classes si on leur faisait subir un stage différent; si les auditeurs de seconde classe, par exemple, étaient attachés pendant deux ou trois ans au cabinet des ministres, des directeurs généraux, des préfets, et ne rentraient au conseil qu'après avoir passé un examen constatant leur connaissance pratique des affaires et leur aptitude à devenir d'utiles auxiliaires pour les maîtres des requêtes, ou des candidats sérieux aux fonctions de sous-préfets, confiées trop souvent à des hommes dépourvus de toute expérience[1]. C'est ainsi qu'ils re-

1 Pour être avocat, c'est-à-dire pour avoir le droit de s'occuper des inté-

deviendraient, comme ils l'étaient sous Napoléon Ier,
la véritable pépinière de l'administration française [1].

Je ne vous ai parlé encore que du service ordinaire
qui constitue le Conseil d'État proprement dit. Mais
il y a, en outre, un service hors section et un ser-

rêts d'un simple particulier qui est libre de choisir son mandataire, il faut
prouver des études spéciales, passer des examens, avoir un diplôme, faire
un stage qui dure trois ans, et pour administrer une contrée, pour s'occuper des affaires de tout le monde, sans que personne puisse vous récuser,
on n'exige ni études particulières, ni diplôme, ni stage! Pour être audi-
teur, il suffit de subir un examen sommaire qui n'a que l'apparence d'un
concours, puisque le mieux noté peut être le dernier admis.

[1] Le traitement du président du Conseil d'État est, comme celui des ministres, de 100,000 fr. (il a en outre une indemnité de 30,000 fr. pour frais de
représentation); celui du vice-président est de 60,000 fr.; les présidents de
section reçoivent 35,000 fr., les conseillers en service ordinaire 25,000 fr. (les
conseillers hors section ou en service extraordinaire ne touchent aucun traitement en cette qualité); les maîtres des requêtes de première classe 10,000 fr.,
ceux de deuxième classe 6,000 fr., et les auditeurs de première classe, qui
seuls sont rétribués, 2,000 fr.; le secrétaire général, en vertu du décret organique, n'avait que 15,000 fr., il est maintenant traité comme les conseillers d'État. On a suivi sous Napoléon III les traditions du premier empire.
—Mais l'énorme disproportion qui existe entre le traitement des conseillers
d'État et celui des maîtres des requêtes qui, s'ils sont de deuxième classe,
se trouvent moins bien traités que des chefs de bureau, ne se justifie guère.—
Les proportions étaient mieux réglées autrefois. Sous la Restauration, tous les
conseillers recevaient 16,000 fr. indistinctement. Le conseil était alors présidé par le ministre de la justice et, en son absence, par le ministre de l'intérieur ou par celui des finances; et sous le premier empire, c'était l'archi-
chancelier qui présidait en l'absence de l'Empereur. Sous Louis-Philippe les
conseillers eurent d'abord 12,000 fr., puis 15,000, et les présidents de
section 18,000. Le vice-président ne recevait alors que 20,000 fr. Le conseil
était présidé par le garde des sceaux. Enfin, sous la République, les présidents de section avaient 15,000 fr. et les conseillers 12,000. Le traitement
des maîtres des requêtes a varié de 5 à 6 et à 8,000 fr.

vice extraordinaire. D'après le décret organique, les conseillers en service ordinaire hors section, dont le nombre ne dépasse pas dix-huit et qui sont choisis, dit le décret, parmi les personnes remplissant de hautes fonctions, prennent part à toutes les discussions de l'assemblée générale et y ont voix délibérative; les conseillers en service extraordinaire, qui ne reçoivent ce titre que s'ils ont antérieurement fait partie du Conseil d'État, n'assistent qu'à celles des assemblées générales auxquelles ils ont été convoqués par un ordre de l'Empereur. Quel a été le but de cette double institution? D'où vient cette différence d'attribution? Le but était le même; la différence ne saurait, selon moi, se justifier. En appelant à la fois dans le sein du Conseil d'État quelques-uns de ses anciens membres et les principaux chefs des administrations centrales, on avait voulu évidemment le faire bénéficier de l'expérience des uns et de la spécialité des autres. Mais pourquoi établir une distinction entre eux, lorsqu'il n'en existe souvent aucune dans le genre de leurs fonctions? Pourquoi ceux-ci assistent-ils à toutes les séances du Conseil? pourquoi ceux-là sont-ils obligés d'attendre une convocation? Le directeur de la comptabilité au ministère de la guerre, qui se trouve dans le service ordinaire hors section, est-il plus compétent pour décider une question relative à l'instruction publique ou aux cultes que le gouverneur du crédit foncier, qui figure seulement dans le service extraordinaire? Et si les uns et les autres doivent avoir les mêmes attributions, comment leur donner un titre différent? Pourquoi des conseillers hors section? Est-ce que la principale étude des projets de loi et des décrets ne se fait pas dans l'intérieur de la section? N'est-ce pas là que l'on a surtout besoin de ces renseignements détaillés, de ces explications techniques dont la spécialité appartient aux directeurs et aux secrétaires généraux des divers ministères? Aussi, dans la pratique, la règle disparaît-elle devant l'impossibilité de l'observer. Ne serait-il pas préférable de revenir à une division plus normale et plus simple, comprenant dans le service ordinaire tous ceux qui, comme conseillers, maîtres des requêtes ou auditeurs, se consacrent exclusivement aux occupations régulières du conseil et n'exercent aucune autre fonction publique, et, sous les mêmes dénominations dans le service extraordinaire, tous ceux dont le concours éventuel serait jugé utile, qu'ils eussent ou non fait déjà partie du Conseil d'État, qu'ils fussent ou non fonctionnaires? Si l'on adoptait ce système, les conseillers en service extraordinaire participeraient aux travaux des sections comme à ceux de l'assemblée générale, *mais seulement lorsqu'on y discuterait les affaires rentrant dans leurs attributions spéciales*. On éviterait ainsi l'introduction facultative ou permanente, dans le véritable conseil d'État, d'un élément qui devait lui rester habituellement étranger et qui peut, en certains cas, déplacer la majorité de l'assemblée générale. Les secrétaires généraux et même les directeurs généraux[1], quel que soit leur rang dans la hiérarchie administrative, doivent éprouver une hésitation très-légitime avant de se prononcer contre les projets que présente le ministre dont ils sont directement les subordonnés, ou contre ceux des collègues de ce ministre. Et c'est l'évidence d'un pareil inconvénient qui a fait limiter à quinze, puis à dix-huit, le nombre des conseillers hors section. Mais, d'une part, la fixation d'un maximum

---

[1] Les secrétaires généraux n'ont, dans aucun ministère, la situation qui devrait être le résultat de leur titre, et ont presque tous des fonctions beaucoup moins importantes que les directeurs généraux.

aussi élevé n'a pas sérieusement atténué cet inconvénient, et, d'autre part, la limite que l'on a posée ne
permet pas à tous les services d'une égale importance
d'être représentés au Conseil d'État [1].

Les ministres qui étaient députés ou pairs de France
prenaient toujours part aux votes de la Chambre dont
ils étaient membres, bien qu'ils se constituassent ainsi
les juges de leur propre cause. Aujourd'hui ils sont
conseillers d'État, et ils votent comme tels. Il serait difficile de refuser aux ministres un droit que
l'on confère à des fonctionnaires placés sous leurs
ordres.

Je ne vous dirai rien de la question si longtemps
controversée de l'inamovibilité. Il suffira de vous
rappeler que le chef du gouvernement doit rester

---

[1] Le décret organique du 25 janvier 1852 fixait à quinze le maximum des
conseillers hors section ; aussi, par suite de combinaisons particulières, tel
ministère (celui de la guerre par exemple) était représenté au Conseil d'État
par trois ou quatre de ses directeurs, tandis que d'autres (tels que le ministère de l'intérieur) n'y avaient aucun représentant. Les secrétaires généraux
des divers ministères sont tous maintenant conseillers d'État. (Décret du
6 novembre 1858.) Sous Louis-Philippe, le préfet de police et le préfet de
la Seine étaient presque de droit conseillers d'État en service extraordinaire, à cause de l'importance de leurs fonctions. Aujourd'hui l'organisation
défectueuse du Conseil d'État ne leur permet pas d'en faire partie, et il a
fallu, par un décret spécial, déroger à tous les principes pour autoriser le
préfet de la Seine à participer à ses travaux, bien qu'il ne soit conseiller
d'État ni en section, ni hors section, ni en service extraordinaire.

le juge en dernier ressort de l'administration qu'il personnifie. Dans les questions contentieuses, il ne pourrait pas abdiquer, sans de graves inconvénients, une souveraineté qui est la sauvegarde des intérêts généraux, lorsqu'ils se trouvent en opposition avec des intérêts privés ; le Conseil d'État ne statue que par délégation conditionnelle, et le fondé de pouvoirs ne saurait être indépendant de celui dont il a reçu son mandat. Si la position subordonnée des conseillers en service ordinaire hors section peut faire suspecter la sincérité du contrôle qu'ils exercent, celle qu'auraient des conseillers à vie constituerait à leur profit une indépendance trop absolue, qui les conduirait irrésistiblement à gêner l'action gouvernementale [1].

Vous comprendrez également les motifs qui interdisent aux membres du Conseil d'être en même temps députés ou sénateurs. Les attributions des grands corps de l'État sont absolument distinctes, et si elles étaient

---

[1] Napoléon Ier avait créé des conseillers d'État à vie, afin d'augmenter le traitement de certains hauts fonctionnaires ; mais ces conseillers inamovibles ne pouvaient pas entraver alors la marche du gouvernement. Les quarante années du régime parlementaire ont modifié les idées, et ne permettent plus de suivre aujourd'hui à la lettre tous les errements du premier empire.

confiées aux mêmes fonctionnaires, il en résulterait une confusion voisine de l'anarchie.

Votre conseil privé est l'image assez exacte d'un conseil d'État sans rôle déterminé, uniquement composé de nombreux conseillers en service extraordinaire et ne se réunissant que dans des circonstances exceptionnelles[1].

Je dois vous signaler en terminant la situation particulière du président du Conseil d'État, qui, à ce titre, exerce sur les projets des ministres un certain contrôle et qui, ministre lui-même, puisqu'il en a le rang et les prérogatives, se fait auprès de ses collègues l'écho des observations du corps à la tête duquel il est placé, après avoir été auprès de lui l'interprète de la pensée du gouvernement. C'est là une grande et utile mission. Mais (je vous l'ai indiqué en vous expliquant l'organisation du pouvoir exécutif) il en a eu longtemps une autre plus délicate et plus importante encore. Quoique, antérieurement au décret du 24 novembre, l'esprit de la Constitution, plutôt que son texte, semblât s'opposer à l'intervention personnelle des membres du

---

[1] En Angleterre, le conseil privé se compose de cent quatre-vingts membres.

conseil des ministres dans les débats législatifs, le président du Conseil d'État prenait déjà une part active à nos discussions ; — le vice-président et les autres conseillers défendaient plus particulièrement et presque exclusivement les projets de loi rentrant dans leur spécialité — et dans toutes les affaires qui touchaient à la politique, il représentait à peu près seul devant nous le gouvernement, dont seul il connaissait exactement la pensée, et dont je dirais, si j'osais me servir d'une expression un peu vulgaire, mais très-juste, qu'il était en quelque sorte le *factotum*.

III

L'Empereur a seul l'initiative des lois [1]. Lorsque le gouvernement a reconnu la nécessité d'une loi, les bases en sont d'abord posées par le ministère compétent. Ce premier projet est envoyé au Conseil d'État ; il est élaboré, développé ou amendé en section ; l'assemblée générale le discute, et si elle l'adopte, il est soumis au Corps législatif, où il devient l'objet d'un examen sommaire ayant le même but que la première, ou plutôt que la seconde lecture de vos bills [2]. Les bureaux du Corps législatif nomment ensuite une commission qui, à huis clos, fait subir au projet un nouvel

[1] Toutes les lois, dans l'origine, étaient présentées au Parlement anglais sous forme de pétitions, et c'est encore sous cette forme que l'on présente aujourd'hui les lois d'un intérêt purement privé. C'est sous Édouard II que les communes commencèrent à annexer des pétitions aux bills par lesquels elles accordaient au roi les subsides qu'il leur demandait. Sous Henri IV, elles refusèrent d'accorder des subsides avant qu'une réponse eût été faite à leurs pétitions. — Ce n'est que sous Henri IV que l'usage s'est introduit de donner aux bills la forme d'*acte* et non plus de pétitions. — Souvent, dans l'origine, le roi modifiait les pétitions des communes. Un statut de 1354 défend expressément de modifier en aucune manière un *acte* après qu'il a été fait, à moins que le consentement des deux Chambres n'intervienne.

[2] Décret du 24 novembre 1861. (Voir la page 62.)

examen , propose, s'il y a lieu , aux délégués du Conseil d'État ou au Conseil lui-même des amendements, dont elle ne peut toutefois imposer l'adoption , et résume enfin son opinion dans un rapport distribué à tous les députés. La loi, après avoir été discutée et votée en séance publique, est transmise au Sénat, afin qu'il décide si elle n'est pas contraire à l'esprit de la Constitution. Il ne reste plus alors qu'à la promulguer [1]. Le mécanisme législatif du nouvel Empire est très-simple,

---

[1] En France, la loi est signée par le président et les secrétaires du Corps législatif , par le président et les secrétaires du Sénat, certifiant que le Sénat ne s'oppose pas à sa promulgation , et enfin par l'Empereur. Elle est ensuite contre-signée par le ministre d'État, et scellée du grand sceau par le ministre de la justice. La promulgation d'une loi résulte de son insertion au *Bulletin des lois*. — En Angleterre, le roi donne son assentiment par lettres patentes sous son grand sceau, signées de sa main et notifiées aux membres des deux Chambres assemblés dans le lieu des séances de la Chambre haute (S. 38 , H. VIII, cap. 21.). Les bills adoptés par les deux Chambres restent déposés dans la Chambre des lords jusqu'à l'assentiment du roi, excepté lorsqu'il s'agit d'une loi d'impôt (*bill of supply*) qui doit être déposée à la Chambre des communes. Après la sanction royale, le bill devient *act* du Parlement et l'un des chapitres du statut de l'année. Le clerk du Parlement écrit à la suite de l'intitulé de l'*act* la date du *royal assent*, et la mention qu'il fait ainsi devient la date et forme une partie constitutive de l'acte (S. 33, George III, c. 13). Les actes sont alors placés dans les archives du royaume (*records of the Kingdom*), et il n'est pas besoin de promulgation expresse pour les rendre exécutoires. On les publiait autrefois dans les cours de comtés ; mais aujourd'hui l'impression qui en est faite paraît suffisante pour en répandre la connaissance. Les *public bills* sont publiés à 5,500 exemplaires. Toutes les lois d'une session ne forment qu'un seul statut ; chacun des *acts* forme un chapitre du statut, et le statut est désigné par l'année du règne du souverain.

et il fonctionne très-régulièrement et très-sérieuse-
ment. Les députés n'ont plus la prétention de renverser,
à leur profit, les ministères; ils ont celle de se mêler
utilement aux affaires du pays en remplissant conscien-
cieusement le mandat qu'ils ont reçu de leurs nombreux électeurs. Ce mandat leur impose deux obligations principales qui résument toutes les autres : la
première, c'est de soutenir sans hésitation, sans arrière-
pensée, le gouvernement que ces mêmes électeurs ont
trois fois acclamé comme l'unique refuge de la société
en péril; la seconde, c'est de surveiller l'emploi des
deniers publics par le contrôle attentif du budget, de
ne voter que les lois reconnues nécessaires à l'intérêt
de tous, et de ne pas transformer les obligations d'un
dévouement intelligent en servilisme irréfléchi. La
Chambre, disait-on, était moins jusqu'ici un corps politique qu'un grand conseil général. Le premier usage
qu'elle a fait de ses nouvelles attributions ne permettrait guère d'émettre aujourd'hui une pareille idée.
Il faut au surplus qu'avant de vous prononcer à cet
égard vous sachiez comment elle est constituée, quels
sont les éléments qui la composent, en quoi consistent
exactement ses droits.

4

Le Corps législatif est le produit du suffrage universel direct. L'élection a pour base la population, sans scrutin de liste ; il y a un député par trente-cinq mille électeurs[1], et tout Français jouissant de ses droits civils et politiques est de droit électeur à vingt et un ans et éligible à vingt-cinq[2]. L'impôt étant en réalité payé, di-

[1] Constitution, art. 34, 35, 36 et 38. Il est attribué un député de plus à chacun des départements dans lesquels le nombre excédant des électeurs dépasse 17,500 (sénatus-consulte du 27 mai 1857). Les colonies et l'Algérie ne nomment pas de députés. Il y a 658 députés à la Chambre des communes et 271 seulement au Corps législatif. Le projet originaire du bill de réforme réduisait à 500 le nombre des membres de la Chambre des communes.

[2] Décret organique du 2 février 1852, art. 12 et 26. Le scrutin n'est pas secret. Les électeurs se réunissent au chef-lieu de leur commune. (*Id.*, art. 3.)

Nul ne peut être élu député au Corps législatif si, huit jours au moins avant l'ouverture du scrutin, il n'a déposé, soit en personne, soit par un fondé de pouvoir en forme authentique, au secrétariat de la préfecture du département dans lequel se fait l'élection, un écrit signé de lui contenant le serment formulé dans l'art. 16 du sénatus-consulte du 25 décembre 1852 L'écrit déposé ne peut, à peine de nullité, contenir que ces mots : « Je jure obéissance à la constitution et fidélité à l'Empereur. » Il est donné récépissé. (Sénatus-consulte du 17 février 1858, art. 1er.) Ce serment est répété verbalement ou par écrit, après l'élection. — Il doit être également prêté, après leurs nominations, par les ministres, les membres du Sénat et du Conseil d'Etat, les officiers, les magistrats et les fonctionnaires publics (C., art. 14.).

En Angleterre, les fous, les idiots, les étrangers, les femmes et ceux qui ont moins de vingt et un ans, ne peuvent voter (*Stephen's Blackstone*, t. II, p. 379). On n'a également le droit de siéger dans les deux Chambres qu'à l'âge de vingt et un ans. C'est une coutume constamment suivie par la Chambre des lords ; c'est une règle positive pour la Chambre des communes. (Statuts 7 et 8, W. III, c. 25.)

Avant de siéger dans la Chambre des lords ou dans celle des communes, il faut avoir prêté, en présence de la Chambre à laquelle on appartient, le serment d'allégeance, de suprématie et d'abjuration (30, Car. II, S. 2, et 1

rectement ou indirectement, par le plus pauvre comme par le plus riche et la loi étant obligatoire pour tous, on a trouvé juste en 1848 de faire nommer par tous les citoyens sans distinction ceux qui votent l'impôt et qui font la loi. Vous qui avez si énergiquement réclamé en Angleterre contre les restrictions de la réforme de 1832, vous devez approuver le maintien du suffrage universel. Vous pensez comme nous que c'est une garantie contre les perturbations sociales, en ce sens que, tout le monde concourant à l'élection des députés, personne ne peut plus récuser la solidarité de leurs actes ni contester la validité de leur mandat. Faire nommer une assemblée par tous ceux que ses décisions intéressent est le meilleur moyen d'augmenter aux yeux de tous son autorité morale. Cependant cette opinion trouve en France, comme en Angleterre, des contradicteurs opiniâtres. Il existe des partisans quand même du suffrage restreint, qui n'admettent pas qu'on puisse combattre la révolution avec

G. I, c. 13.), et répété la déclaration contre la transsubstantiation, l'invocation des saints et le sacrifice de la messe. Le serment d'abjuration a été modifié par le sixième statut de Georges III (c. 58). Aujourd'hui, à l'égard des catholiques, une nouvelle formule tient lieu de ces trois serments et de la déclaration. (10 G. IV, c. 7, S. 2.) On se rappelle les difficultés qui furent soulevées à la suite de l'élection de M. de Rothschild.

4.

les armes forgées par elle, et qui se refusent à comprendre que ce suffrage universel, leur épouvantail, s'il est parfois un embarras dans les grands centres de population [1], sera presque toujours dans les communes rurales l'utile auxiliaire d'un gouvernement qui aura su mériter la confiance du pays. — Les conservateurs qui déplorent l'obligation où se trouve l'administration d'avouer ses candidats, de les patroner ouvertement et d'exercer sur les masses la pression de la logique et du bon sens, oublient que les conseils donnés publiquement à trente-cinq mille électeurs, au nom de l'intérêt général, constituent des manœuvres moins répréhensibles, si ce sont là des manœuvres, que les pratiques secrètes dont on usait à l'égard de quelques électeurs privilégiés, dans l'intérêt d'une coterie ministérielle. Le jour, dit-on encore, où les idées socialistes se seront infiltrées dans les campagnes, vous ne pourrez plus diriger le suffrage universel, et il enfantera la plus déplorable des révolutions puisqu'elle s'appuiera sur la légalité. Mais le suffrage

---

[1] Sous la Restauration et pendant le règne de Louis-Philippe, Paris nommait habituellement des députés de l'opposition, quoique les électeurs dussent alors payer trois cents puis deux cents francs d'impôt.

restreint a-t-il donc empêché la révolution de 1848 ?
La socialisme produirait dans les campagnes un effet
contraire à celui qu'en espèrent ses adeptes; le mor-
cellement de la propriété que l'on attaque avec tant
de vivacité est le préservatif le plus sûr contre les
bouleversements sociaux. La licence de la presse pourrait seule modifier les conditions normales de notre
système électoral; or, le gouvernement impérial ne
paraît point aussi résolu qu'on l'avait d'abord sup-
posé à rendre à la presse ses anciennes franchises.
—On conjurerait d'ailleurs les dangers, réels ou imagi-
naires, du suffrage universel, en supprimant les élections
générales et en renouvelant, par tiers ou par cinquième,
le Corps législatif.—En admettant qu'il fût utile d'enlever au peuple le droit de voter, il resterait la question de
savoir si cela serait possible. Si la moitié des électeurs,
en s'abstenant de prendre part au scrutin, proteste à
chaque élection de son indifférence, c'est qu'il en est de
ce droit comme de tous ceux dont on a la libre jouissance :
on les dédaigne lorsque personne ne les conteste, on
les revendique énergiquement dès qu'ils sont contestés.
Comment un gouvernement dont le suffrage universel
est la base, qui, trois fois, a été consacré par lui, qui

puise en lui sa force, comment ce gouvernement, sorti du peuple, pourrait-il briser le piédestal sur lequel il s'est élevé et consolidé ? Pourquoi renoncerait-il à ce puissant levier qui permet de dire périodiquement à l'Europe attentive : La France, en votant pour les candidats qui se présentent à elle au nom de l'Empereur, vous prouve une fois de plus que sa confiance en lui est la même ; qu'il est toujours l'élu de la nation, qu'entre elle et l'Empereur la solidarité la plus étroite n'a pas cessé d'exister ? — Le suffrage à deux degrés, qu'on a indiqué comme un moyen terme entre les exigences d'un droit acquis et les craintes du parti conservateur, n'aurait pas le même caractère d'acclamation populaire et de spontanéité. Il rappellerait l'adjonction funeste des capacités réclamée dans les banquets de 1847, et qui, si elle avait été concédée, nous eût également conduits à la révolution.

Ces députés, produits du suffrage universel, indiqués au patriotisme des masses par le gouvernement lui-même, — et dont on demande la réélection comme s'ils avaient cessé d'être dignes de leur mandat, — qui sont-ils? n'ont-ils avec le pays qui les nomme d'autre lien que leur dévouement à l'Empereur? Sont-ce

des inconnus, des séides? — La discussion de l'adresse
pourrait me dispenser de répondre. — Ce sont pour
la plupart les hommes les plus considérables et les
plus considérés des localités qu'ils représentent;
ce sont de riches propriétaires dont un très-grand
nombre portent des noms illustres; ce sont d'anciens
députés de la monarchie de Juillet, d'anciens pairs de
France et même d'anciens ministres; des préfets, des
généraux, des industriels qui ont conquis par leur
travail et par leur intelligence une renommée européenne. Mais les avocats s'y trouvent en minorité.
Les sentiments de la Chambre sont, avant tout, conservateurs. Elle est incontestablement dévouée aux
institutions impériales, mais sans fanatisme, sans
idée préconçue. Elle les a acceptées parce qu'elle les
a crues nécessaires à l'intérêt public; elle désire leur
maintien parce qu'elle a constaté, depuis leur rétablissement, le bien-être croissant des populations, la
prospérité constante du commerce et de l'industrie, la
gloire de nos armes et le respect que nous témoignent
les nations étrangères; parce qu'au lieu de nous laisser
traîner à la remorque du gouvernement anglais, ainsi
qu'on a récemment osé le prétendre, s'il fallait en

croire certains articles du *Times*, ce serait désormais
l'Angleterre qui marcherait à notre suite. — Ah! sans
doute les temps sont bien changés! on ne discute
plus pendant des mois entiers pour satisfaire alter-
nativement l'ambition des lord Derby ou des lord
Palmerston de France; sans doute on ne prêche plus
ouvertement dans les journaux le bouleversement de
la société et le renversement de tous les gouvernements
établis ; on n'excite plus sans scrupule les ouvriers
contre leurs patrons, les pauvres contre les riches ; on
ne provoque plus à la guerre civile; on n'a plus à
craindre qu'une assemblée composée en grande majorité de conservateurs, comptant dans son sein des orateurs et des politiques éminents, cède sans lutte à la
pression d'une opposition aventureuse, et soit balayée
outrageusement par la populace avinée; on ne re-
doute plus qu'une armée aguerrie, commandée par
des chefs en renom, se démoralise, abaisse les armes
devant l'émeute, et livre Paris et la France entière à
quelques fanatiques épouvantés de leur facile triomphe.

Le Corps législatif est confiant dans la sagesse de
l'Empereur; il vient de donner une preuve éclatante
de son esprit d'indépendance et de la sincérité de ses

convictions, mais il a profité des leçons de l'expérience. Il ne cherche pas à dénaturer le rôle que lui a tracé une Constitution dont il est forcé de reconnaître la prévoyante sagesse. Il a été créé pour faire librement des lois, et il discute les lois en toute liberté, il les vote en toute conscience ; il sait qu'il n'entravera pas la marche du gouvernement en modifiant ou même en repoussant les projets qui lui sont présentés, et il n'hésite plus à les modifier et parfois à exiger leur retrait [1].

Si le droit d'initiative et le droit de délibérer, en séance publique, sur les amendements proposés par une commission, et que le Conseil d'État n'aurait pas acceptés, sont refusés au Corps législatif, le préambule de la Constitution déclare que c'est uniquement « afin d'em» pêcher chaque député de se substituer à tout propos » au gouvernement en présentant les projets les moins » étudiés, les moins approfondis, » et l'introduction irréfléchie dans une loi « de ces amendements qui dé» rangent toute l'économie d'un système et l'ensemble

---

[1] Pendant la dernière session, le gouvernement s'est vu forcé, en présence de l'opposition du Corps législatif, de retirer ou d'ajourner divers projets de loi importants : Le projet relatif au rachat du chemin de fer de Graisscssac, celui qui concernait les chiffons, et enfin le projet qui modifiait l'organisation des cours impériales et des tribunaux de première instance.

» du projet primitif. » Dans les commissions, où l'on n'a pas à redouter les fâcheuses conséquences d'une improvisation, on a toujours été complétement libre de proposer des amendements et de les discuter. « Tout député, disait le décret du 31 décembre 1852, — confirmé par celui du 3 février 1861, — « a le droit de soumettre des amendements aux commissions désignées dans les bureaux pour l'examen des divers projets de loi, et de les défendre devant ces commissions, lors même qu'il n'en fait pas partie, et si l'amendement est adopté par la commission, il est présenté au Conseil d'État, auprès duquel elle peut déléguer trois de ses membres pour le soutenir [1]. » Mais l'article 52 de ce décret, déclarant aussi « qu'aucun amendement ne serait reçu après le dépôt du rapport », interdisait implicitement le renvoi à la commission de tout projet de loi dont le rapport avait déjà été déposé en séance publique. Il en résultait que le seul

---

[1] Règlement du Corps législatif, art. 58, 59, 60 et 61. — Les registres du Corps législatif constatent que, notamment en 1860, les députés ont largement usé de leurs droits. D'après le compte rendu publié par le secrétaire général, « les commissions ont délibéré sur 208 amendements, et le Conseil d'État, à son tour, a proposé 78 modifications. Le nombre des amendements sur lesquels les commissions et le Conseil d'État se sont mis d'accord a été de 124. »

moyen que nous eussions de soumettre les projets à
une nouvelle étude, c'était de les repousser et d'obliger
ainsi le gouvernement à les représenter. Le décret du
24 novembre, sans porter atteinte aux principes posés
par la Constitution au sujet des amendements, et tout
en maintenant l'interdiction de les présenter postérieurement au dépôt officiel des rapports, obvie à ce grave
inconvénient en remettant en vigueur l'article 54 du
décret organique du 22 mars 1852, qu'avait abrogé
l'ancien règlement du Corps législatif. Cet article est
ainsi conçu : « S'il intervient sur un article un vote de
» rejet, l'article est renvoyé à l'examen de la commis-
» sion. Chaque député peut alors, dans la forme prévue
» par les articles 48 et 49 du présent décret [1], présen-
» ter tel amendement qu'il juge convenable. Si la com-
» mission est d'avis qu'il y a lieu de faire une proposi-
» tion nouvelle, elle en transmet la teneur au président
» du Corps législatif, qui la renvoie au Conseil d'État.
» Il est alors procédé conformément aux articles 51,
» 52 et 53 du présent décret, et le vote qui intervient

[1] C'est-à-dire que les amendements provenant de l'initiative d'un ou
de plusieurs membres sont remis au président, et transmis par lui à la
commission devant laquelle leurs auteurs ont le droit de se faire
entendre.

» au scrutin public est définitif [1]. » Ce n'est pas là
le rétablissement du droit d'amendement tel que
vous le comprenez en Angleterre, et tel qu'il existait en France avant le coup d'État, mais c'est du
moins la solution équitable de difficultés qui s'étaient
produites pendant le cours de notre dernière session, et
qui auraient pu donner lieu à de regrettables conflits.
Je dois en outre vous faire remarquer que, lorsqu'il
s'agit de la rédaction de l'adresse, le droit d'amendement est presque aussi absolu pour nous qu'il l'était
autrefois. Et le président du Corps législatif a pu
nous dire, dans l'habile discours qu'il nous a adressé
à l'ouverture de la session : « La préparation, la ré-

---

[1] Si l'avis du Conseil d'État, transmis à la commission par l'intermédiaire
du président du Corps législatif, est favorable, ou qu'une nouvelle rédaction admise au Conseil d'État soit adoptée par la commission, le texte du
projet de loi à discuter en séance publique sera modifié conformément à la
nouvelle rédaction adoptée. Si cet avis est défavorable, ou que la nouvelle
rédaction admise au Conseil d'État ne soit pas adoptée par la commission,
l'amendement sera considéré comme non avenu (art. 51). — Le rapport de
la commission sur le projet de loi par elle examiné est lu en séance publique, imprimé et distribué vingt-quatre heures au moins avant la discussion (art. 52). A la séance fixée par l'ordre du jour, la discussion s'ouvre,
et porte d'abord sur l'ensemble de la loi, puis sur les divers articles ou
chapitres, s'il s'agit de lois de finances. Il n'y a jamais lieu de délibérer sur
la question de savoir si l'on passera à la discussion des articles; mais les
articles sont successivement mis aux voix par le président. Le vote a lieu
par assis ou levé; si le bureau déclare l'épreuve douteuse, il est procédé au
scrutin (art. 53).

daction, le vote de cette adresse ne diffèrent des règlements antérieurs qu'en ce seul point : Un amendement n'est admis aux honneurs de la discussion que s'il est signé par cinq membres ; et un amendement politique sérieux trouvera toujours cinq membres pour l'appuyer [1]. »

Quant à la discussion qui doit désormais précéder la nomination des commissions et qui, comme je vous l'ai déjà fait remarquer, semble empruntée aux usages du Parlement anglais, c'est une innovation dont l'expérience seule pourra nous faire apprécier le mérite. Il n'est pas à craindre, dans tous les cas, qu'on la fasse dégénérer ici en simple formalité ; je craindrais plutôt qu'elle ne devînt le prétexte à des débats interminables et presque sans objet. « Immédiatement après

---

[1] Ce discours, dans lequel M. le comte de Morny passe en revue les nouveaux droits que nous confère le décret du 24 novembre, a reçu du Corps législatif un accueil qui a prouvé une fois de plus la sympathique influence qu'exerce sur lui son honorable président.

Le projet d'adresse en réponse au discours de l'Empereur est rédigé par une commission composée du président du Corps législatif, et d'un membre nommé par chacun des bureaux de l'Assemblée. Le projet d'adresse est lu en comité ; il est imprimé et distribué. La discussion a lieu en séance publique. Les amendements sont rédigés par écrit, remis au président et communiqués aux commissaires du gouvernement. Aucun amendement n'est lu et mis en discussion s'il n'est signé par cinq membres. (Règlement du 3 février 1861, art. 90.)

» la distribution des projets de loi, dit le décret du
» 24 novembre 1860, et au jour fixé par le président,
» le Corps législatif, avant de nommer sa commission,
» se réunit en comité secret; une discussion sommaire
» est ouverte sur le projet de loi, et les commissaires
» du gouvernement y prennent part. La présente dis-
» position n'est applicable ni aux projets de loi d'inté-
» rêt local ni dans le cas d'urgence. » On a voulu per-
mettre aux commissaires du gouvernement d'ajouter au
besoin des explications verbales à l'exposé des motifs qui
accompagne le texte de toutes les lois, et empêcher
ainsi les bureaux de nommer les commissions sous
l'empire d'interprétations erronées. Y réussira-t-on ? Je
le désire, sans beaucoup l'espérer. En Angleterre, le
renvoi des bills en commission n'étant pas de plein droit,
on comprend la nécessité des premières lectures qui ont
pour but de décider s'ils seront ou non *commited*, c'est-
à-dire soumis à l'examen d'une commission [1]. Mais le

---

[1] Le bill est lu une première fois (*first reading*), le *speaker* (président) expose à la Chambre l'objet de ce bill, qui a d'ailleurs été distribué à tous les membres, et pose la question de savoir s'il sera passé outre. Dans le cas où le vote est affirmatif (et il l'est presque toujours, l'usage n'étant pas de discuter sur la première lecture qui, en fait, n'est qu'une formalité), il est procédé à une seconde lecture, à la suite de laquelle le bill est ou n'est pas *commited*. Lorsque les bills ont une grande importance, la commission n'est autre que la Chambre entière (*a committee of the whole house*).

nouveau rouage qui vient d'être ajouté à notre mécanisme législatif ne devant pas avoir la même conséquence, puisque, quel que soit le résultat de la discussion préliminaire d'un projet de loi, son renvoi à

En commission, ce n'est plus le *speaker* qui préside, c'est un membre
de la Chambre nommé *ad hoc*, et jouissant d'un traitement; on l'appelle
the chairman of the committees. En comité, le bill est discuté article
par article, et les amendements sont proposés, adoptés ou repoussés.
Après quoi le *chairman* fait sur le bill un rapport à la Chambre, qui
vote sur chaque article et sur chaque amendement; puis le bill est
grossoyé (*engrossed*), c'est-à-dire écrit en gros caractères sur un ou
plusieurs rôles, ou bandes de parchemin cousues ensemble. Cela fait, le
bill est lu une troisième fois. Des amendements peuvent encore être présentés lors de cette dernière lecture, et si une nouvelle clause y est ajou-
tée, on attache au bill un morceau de parchemin séparé, appelé un
rider. Enfin le *speaker* pose la question de savoir si le bill passera; si
elle est résolue affirmativement, on vote le titre de la loi, et un membre
est désigné pour porter le bill à la Chambre des lords; il le remet au président, qui pour le recevoir descend de son fauteuil. Si la Chambre des lords
repousse le bill, il n'est pas donné avis de ce rejet à la Chambre des communes. Si au contraire le bill est accepté par la Chambre des lords, un
message, porté par deux *masters in chancery*, ou même, dans les occasions solennelles, par deux juges de l'une des trois grandes cours, en
informe la Chambre des communes. Il est à remarquer que les messages de
la Chambre des communes sont portés aux lords par des membres de cette
Chambre, tandis que ce ne sont pas des lords qui portent aux communes
les messages de la Chambre haute. Le bill qui a été repoussé par l'une des
deux Chambres ne peut plus être représenté dans le cours de la même session. Les bills, excepté ceux qui ont trait aux impôts, et qui non-seulement doivent d'abord être présentés à la Chambre des communes mais ne
peuvent être amendés par celle des lords, les bills peuvent être indistinctement soumis à l'une ou à l'autre Chambre, et doivent subir les mêmes
formalités. Lorsqu'un dissentiment existe entre les deux Chambres, des
membres choisis par elles sont appelés à le régler. Le membre du Parlement qui prend l'initiative d'une proposition de bill doit faire imprimer
son projet. — L'entête de l'ordre du jour (*paper of the business of the evening*) est en latin. Les Anglais disent *paper of the evening*, les séances

une commission est obligatoire, il ne pourra guère en résulter qu'une perte de temps.

C'est dans le sein des commissions que se fait et que doit se faire tout le travail du Corps législatif [1] ; c'est là que, pendant des mois entiers, se sont élaborés le code militaire, le code maritime et cette loi sur la dotation de l'armée qui sera l'un des monuments du nouvel Empire ; c'est là que le budget est, chaque année, scruté minutieusement article par article ; c'est là que les délégués du Conseil d'État, éclairés sur les véritables sentiments de la Chambre par une discussion appro-

ayant presque toujours lieu le soir. — Le règlement, dans les deux Chambres, est plein de bizarreries ; mais celui des communes est plus singulier encore que celui des lords. Les peines que la Chambre des communes peut infliger à ses membres sont : le rappel à l'ordre, l'amende, l'emprisonnement, l'exclusion, *l'obligation de demander pardon à genoux*, etc. Il est d'usage qu'un orateur ne parle qu'une fois dans une séance.

[1] A l'ouverture de la première séance, le président du Corps législatif, assisté des quatre plus jeunes membres présents, qui remplissent les fonctions de secrétaires jusqu'à l'élection de six secrétaires définitifs, procède, par la voie du tirage au sort, à la division de l'assemblée en neuf bureaux. Les bureaux ainsi formés se renouvellent chaque mois pendant la session par la voie du tirage au sort. Ils élisent leurs présidents et leurs secrétaires (règlement, art. 48). Tous les projets de loi sont imprimés, distribués et mis à l'ordre du jour des bureaux, qui, après la discussion sommaire en comité secret, les discutent et nomment au scrutin secret et à la majorité une commission de sept membres, chargée d'en faire le rapport. Selon la nature des projets à examiner, le Corps législatif peut décider que les commissions à nommer par les bureaux seront de dix-huit membres au lieu de neuf (*id.*, art. 54 et 55). Ainsi la commission du budget se compose de dix-huit membres.

fondie avec ses mandataires, peuvent sans danger accepter des modifications aux projets du gouvernement,
et faire, s'il y a lieu, de telles concessions à une entente
commune, que la discussion publique de ce projet n'of-
frant plus le même attrait, n'ait plus la même portée
qu'autrefois. Aussi lorsque le rapport d'une commission
propose l'adoption d'une loi, ses conclusions sont-elles
presque toujours adoptées à une forte majorité. Je dois
ajouter que si au contraire le gouvernement n'a pu
se mettre d'accord avec la commission, il court rare-
ment les chances du scrutin.

Le contrôle du Corps législatif devant surtout avoir
pour objet les questions financières, la commission du
budget procède avec un soin scrupuleux à l'examen
de toutes les dépenses et de toutes les recettes; elle
exige parfois de notables réductions; lorsqu'on les
lui refuse, ses observations rendent du moins le Conseil d'État plus exigeant à l'égard des ministres pour
les exercices à venir. Et pourtant l'on conteste la
portée de notre action répressive en matière de
finances; on prétend que, ne pouvant plus voter le
budget par chapitres[1], la crainte de jeter la per-

---

[1] Le budget des dépenses est présenté au Corps législatif avec ses subdi-

5

turbation dans les services publics et d'entraver la marche du gouvernement nous empêchera toujours de repousser l'allocation générale d'un département ministériel, malgré l'évidence des abus qu'on y aurait signalés. On cite l'exemple des crédits extraordinaires et des crédits supplémentaires, dont la justification n'est obligatoire que longtemps après leur expiration [1], et celui de certains virements mal justifiés, et l'on en conclut que les ministres revenant ainsi par une voie détournée sur les concessions qui leur ont été imposées, échappent en fait à notre juridiction. Ces allégations ne sont que spécieuses. Je ne conteste pas qu'il ne fût plus rationnel de voter séparément, je ne dis pas chacun des articles du budget — ce qui, contraire-

visions administratives par chapitres et par articles. Il est voté par ministère. La répartition du crédit accordé pour chaque ministère est réglée par décret de l'Empereur rendu en conseil d'État. Des décrets spéciaux, rendus dans la même forme, peuvent autoriser les virements d'un chapitre à l'autre. (Sénatus-consulte du 25 décembre 1852, art. 12.)

[1] Lorsqu'il aura été accordé, en l'absence du Corps législatif, des crédits supplémentaires pour des services prévus au budget, ou des crédits extraordinaires pour dépenses urgentes et imprévues, et que ces crédits n'auront pu être couverts par des virements de chapitres, les décrets qui les auront autorisés seront soumis à la sanction législative, savoir : ceux relatifs aux crédits extraordinaires, dans les deux premiers mois de la session qui suivra l'ouverture desdits crédits extraordinaires, et ceux relatifs aux crédits supplémentaires, dans les deux premiers mois de la session qui suivra la clôture de chacun des exercices sur lesquels des suppléments auront été accordés. (Loi du 5 mai 1855, art. 21.)

ment au principe salutaire de la séparation des pouvoirs, subordonnerait trop complétement l'administration à la Chambre — mais du moins chacun de ses chapitres; et je ne crois pas que si cette satisfaction, dont on nous a donné l'espoir, nous était accordée, le gouvernement en éprouvât le moindre préjudice [1]. Cependant quiconque est de bonne foi et a vu fonctionner la commission du budget, quiconque aura lu avec attention le résumé annuel de ses travaux et de ses discussions avec le Conseil d'État reconnaîtra que le contrôle ne saurait être plus sérieux. La faculté de repousser un ministère tout entier, en cas de nécessité absolue, n'est point illusoire, car l'usage de cette faculté ne produirait aucune perturbation, ne créerait aucun embarras, — le budget étant toujours présenté une année d'avance, — et n'aurait d'autre conséquence que d'en retarder le vote. Ce serait pour le gouvernement une leçon profitable, rien de plus. Mais les crédits supplémentaires et les crédits extraordinaires étant destinés, pendant l'intervalle des sessions, à couvrir les dépenses imprévues, ne peuvent

[1] Discours prononcé par M. Magne, ministre sans portefeuille, le 18 mars 1861.

5.

qu'être ratifiés par la Chambre s'ils ont eu pour cause des dépenses obligatoires[1]. L'équité voudrait seulement qu'on les lui soumît plus tôt qu'on n'a l'habitude de le faire. Les virements ou changements dans l'affectation spéciale des crédits ne sont plus opérés par la seule volonté des ministres, qui sont obligés de consulter préalablement le Conseil d'État.

L'Empereur choisit, chaque année, parmi les députés, le président et les vice-présidents du Corps législatif[2]. Il a seul le droit de le convoquer, de l'ajourner ou de le dissoudre; mais, en cas de dissolution, il doit en convoquer un autre dans le délai de

[1] Tous les décrets portant ouverture de crédits supplémentaires ou extraordinaires, durant l'intervalle des sessions du Corps législatif, seront rendus en conseil d'État, et indiqueront les voies et moyens qui seront affectés aux crédits demandés. (Décret du 10 novembre 1856, art. 2.)

[2] C., art. 43. — La Chambre des communes a pour président le *speaker*, qu'elle élit elle-même, mais dont l'élection doit être approuvée par le souverain. Il est ainsi nommé parce que, dans l'origine, c'est lui qui parlait au nom de la Chambre. Il doit encore, à l'ouverture de chaque session, réclamer du souverain la liberté de la parole. Cet usage, qui n'est depuis longtemps qu'une formalité, remonte au règne de Henri IV. — Le premier *speaker* dont il soit fait mention est sir Thomas Hungerford, *qui avait les paroles des communes* au parlement de l'an 5 d'Édouard III (1377). — Le *speaker* ne prend part personnellement ni aux délibérations ni aux votes. Cependant, en cas de partage, il peut déterminer par son vote la majorité. — Le président du Corps législatif est logé aux frais de l'État, et reçoit une indemnité de 100,000 fr. par an. Le *speaker* a un traitement de 5,000 liv. st. (125,000 fr.), et est également logé. — Les secrétaires, qui jusqu'ici étaient les plus jeunes membres de la Chambre, sont désormais élus par elle à l'ouverture de chaque session. (Règlement, art. 33.)

six mois [1]. Les députés sont élus pour six ans [2]; pendant la durée de leur mandat, leur indépendance a tout autant de garanties qu'en Angleterre [3]. Le Corps

[1] C., art. 46. — Les colléges électoraux sont convoqués par un décret impérial, qui doit être promulgué vingt jours au moins avant leur ouverture (décret organique du 2 février 1852, art. 4). — En Angleterre, ce droit appartient également à la reine seule. C'est dans la Chambre des lords que le souverain ouvre, en personne ou par délégation, la session du Parlement. La convocation se fait par un *writ*, délivré en chancellerie, et doit avoir lieu au moins quarante jours avant le commencement de la session. Ce délai a été établi par la grande charte, et consacré par S. 7 et 8 W. II, c. 25. Depuis l'union avec l'Écosse, l'usage a été d'étendre ce délai à cinquante jours. — Deux statuts d'Édouard III portent que le parlement se réunira tous les ans, ou plus souvent si besoin est. Malgré des dispositions contradictoires prises postérieurement, la nécessité de faire voter chaque année les impôts et le recrutement de l'armée a rendu obligatoire la réunion annuelle du Parlement. D'après les statuts 7 et 8 W. III, c. 15; 6 Anne, c. 7, sect. 6; 37 G. III, c. 127, s'il n'existe pas de Parlement au décès du roi, l'ancien Parlement est rappelé et doit siéger pendant six mois, à moins qu'il ne soit dissous par le nouveau souverain.

[2] C., art. 38. En Angleterre, les députés sont nommés pour sept ans. — Le Corps législatif est seul juge de la validité des opérations électorales (D. O., art. 5).

[3] Les députés ne peuvent être recherchés, accusés ni jugés en aucun temps pour les opinions qu'ils ont émises au sein du Corps législatif (*id.*, art. 9). Aucune contrainte par corps ne peut être exercée contre un député durant la session, et pendant les six semaines qui l'auront précédée ou suivie (*id.*, art. 10). Aucun député ne peut être poursuivi ni arrêté en matière criminelle, sauf les cas de flagrant délit, qu'après que le Corps législatif a autorisé la poursuite (*id.*, art. 11). — Les Chambres anglaises ont souvent abusé du droit de juger elles-mêmes les offenses dirigées contre elles. Les membres du Parlement ne peuvent être arrêtés en matière civile, les lords à quelque époque que ce soit, les membres de la Chambre des communes pendant la session et pendant les quarante jours qui la précèdent et qui la suivent. (S. 11 et 12 W. III, c. 3.) En matière criminelle, l'arrestation peut avoir lieu, mais il faut en informer immédiatement la Chambre dont fait partie le membre incriminé et lui demander l'autorisation de continuer les

législatif est, comme la Chambre des communes, juge souverain de la validité des élections, et il a toujours montré une juste sévérité. — L'indemnité qui est attribuée à ses membres a soulevé beaucoup d'objections, elle est pourtant la conséquence logique de notre système électoral. Il était naturel que celui qui ne pouvait être nommé que s'il justifiait du payement de contributions s'élevant à un certain chiffre ne reçût aucune allocation; la qualité d'éligible indiquait autrefois en France, comme elle indique encore en Angleterre, une certaine fortune qui ne peut plus être également supposée chez tous les élus du suffrage universel[1]. D'ailleurs l'incompatibilité de

poursuites (S. 17 G. II, c. 6). Les membres du Parlement peuvent aujourd'hui, comme tous les autres citoyens, être poursuivis sur leurs biens (S. 10 G. III, c. 50), ou déclarés en état de banqueroute (S. 6 G. IV, c. 16, sections 10 et 11). Dans ce cas, ils sont d'abord suspendus pour un an, puis exclus de la Chambre si, après ce temps, ils ne sont pas libérés. — Un membre de la Chambre des communes ne peut donner sa démission. On y supplée par la déclaration qu'il accepte d'être gardien des *chiltern hundreds* (petit domaine royal), office purement nominatif. L'acceptation de cet emploi prétendu oblige à une réélection. Cet usage paraît remonter à l'année 1750.

[1] Voir page 85 les conditions électorales de l'Angleterre. — Sous la Restauration, il fallait, pour être éligible, payer 1,000 fr. d'impôts et 500 fr. sous Louis-Philippe. — Les députés au Corps législatif reçoivent une indemnité qui est fixée à 2,500 fr. par mois, pendant la durée des sessions ordinaires ou extraordinaires (sénatus-consulte du 25 décembre 1852, art. 14). Les sessions ordinaires doivent durer trois mois (C., art. 41); mais elles sont, chaque année, prolongées au moins d'un mois. — Les membres de la Chambre des communes ne touchent aucun traitement ou indemnité. Autrefois, les

toute fonction publique salariée avec le mandat législatif, qui est actuellement décrétée comme un
principe absolu, n'existait sous le régime parlementaire qu'à titre d'exception. Sous la Restauration et
sous le règne du roi Louis-Philippe, un grand nombre
de députés étant en même temps fonctionnaires, se
trouvaient rétribués indirectement. La Constitution impériale a sagement fait en permettant l'élection, sans
condition de cens, de tous les citoyens; elle s'est peut-
être montrée moins équitable en interdisant l'accès de
la Chambre à tous les fonctionnaires sans distinction.
Mais on a voulu ainsi lui assurer une complète indépendance, et éviter qu'on pût la soupçonner de céder
à des pressions hiérarchiques [1].

Nos séances publiques, pendant les neuf années qui

députés des comtés et des bourgs étaient salariés par leurs commettants;
ceux des comtés avaient 4 schellings par jour, et ceux des villes 2 schellings.
Le salaire des membres de la Chambre des communes cessa sous le règne
de Henry VIII. — Il est à remarquer que plus d'une ville, afin de se débar-
rasser de cette charge, sollicita du roi la faveur de ne plus envoyer de députés au Parlement.

[1] C'est ce qui résulte des termes mêmes de la très-remarquable cir-
culaire que M. le comte de Morny, alors ministre de l'intérieur, adressait
aux préfets le 20 janvier 1852, à l'occasion de la première élection générale
au Corps législatif : « La situation des fonctionnaires dans une assemblée
» politique, disait le comte de Morny, est toujours délicate; en votant dans
» le sens du pouvoir, ils diminuent leur propre caractère; en votant contre
» lui, ils affaiblissent le principe de l'autorité. »

viennent de s'écouler, n'ont eu d'intérêt que dans des cas exceptionnels. La discussion du budget et celle de toutes les lois ayant un caractère politique excitaient seules la curiosité et ramenaient dans les tribunes la foule qui s'y pressait autrefois. L'esprit politique n'est pas mort en France, il n'est qu'assoupi; pour le réveiller, il a suffi de quelques discours auxquels l'adresse a servi de prétexte. La Constitution de 1852, dans la crainte que l'on ne cédât trop facilement aux excitations de l'ancienne tribune et pour enlever à la presse l'occasion de semer de nouveau l'agitation et le désordre, n'avait pas hésité à supprimer matériellement la tribune et à interdire tout compte rendu qui n'aurait pas été préalablement approuvé par le président du Corps législatif. On est encore obligé aujourd'hui de parler de sa place, ainsi que cela s'est constamment pratiqué en Angleterre; mais les discours ne subissent plus, avant d'être publiés, l'épreuve que l'on avait assez justement comparée à celle du lit de Procuste [1]. — Que

[1] Le compte rendu des séances du Corps législatif par les journaux ou tout autre moyen de publication ne consistera que dans la reproduction du procès-verbal dressé, à l'issue de chaque séance, par les soins du président du Corps législatif (C., art. 42). Le compte rendu prescrit par l'art. 41

l'on ait forcé les journaux à publier *in extenso* tous les discours et à ne pas mettre en relief ceux qui se trouvent conformes à leur opinion, l'équité le voulait; mais il ne pouvait y avoir un sérieux danger à laisser aux discussions leur véritable physionomie. C'est ce qu'a compris l'Empereur; le sénatus-consulte du 1er février, en autorisant la reproduction textuelle des débats des deux Chambres, a donné indistinctement à tous les organes de la publicité des facilités pour cette reproduction et modifie équitablement les restrictions imposées aux journaux par l'article 42 de la Constitution [1]. L'importance qu'ac-

de la Constitution est soumis, avant sa publication, à une commission composée du président du Corps législatif et des présidents de chaque bureau. (Sénatus-consulte du 25 décembre 1852, art. 13.)

[1] L'article 42 de la Constitution est modifié ainsi qu'il suit : « Les débats des séances du Sénat et du Corps législatif sont reproduits par la sténographie, et insérés *in extenso* dans le journal officiel du lendemain. En outre, les comptes rendus de ces séances, rédigés par des secrétaires-rédacteurs placés sous l'autorité des présidents de chaque assemblée, sont mis chaque soir à la disposition de tous les journaux. — Le compte rendu des séances du Sénat et du Corps législatif, par les journaux ou tout autre moyen de publication, ne consistera que dans la reproduction des débats insérés *in extenso* dans le journal officiel, ou du compte rendu rédigé sous l'autorité du président, conformément aux paragraphes précédents. — Néanmoins, lorsque plusieurs projets ou pétitions auront été discutés dans une séance, il sera permis de ne reproduire que les débats relatifs à un seul de ces projets ou à une seule de ces pétitions. — Dans ce cas, si la discussion se prolonge pendant plusieurs séances, la discussion devra être continuée jusqu'au vote et y compris le vote. — Le Sénat, sur la demande de cinq

querra le Corps législatif profitera au gouvernement; il importait que chacun pût mieux apprécier la valeur réelle d'un corps auquel on n'avait d'autre reproche à adresser que celui d'avoir fait beaucoup de bien sans beaucoup de bruit.

Les discussions du Parlement anglais ne sont pas publiques ou du moins sont supposées ne pas l'être. Ce n'est que depuis le milieu du dix-huitième siècle qu'on a toléré des spectateurs aux séances des deux Chambres et le compte rendu de leurs débats. Vous le savez mieux que moi, il suffirait encore aujourd'hui qu'un seul membre rappelât l'ancienne prohibition pour que la salle fût immédiatement évacuée [1]. Mais la publicité des votes, résultant de la publication des procès-

membres, peut décider qu'il se forme en comité secret. » (S.-C. du 3 février 1861.) — Depuis le commencement de la discussion de l'adresse, on a autorisé les journaux à commenter nos discours avec une entière liberté.

Le rapport de la commission du Sénat qui a été chargée d'élaborer ce sénatus-consulte, déclare qu'un projet de loi sera présenté au Corps législatif pour exempter du timbre et des droits de poste les suppléments que pourra rendre nécessaires pour les journaux l'insertion de la sténographie ou du compte rendu des débats législatifs. « Cette dispense existe pour le *Moniteur*, dit le rapport, il est juste de l'étendre aux journaux, et de faire régner ici une juste égalité. » Le projet de loi nous a en effet été présenté et vient d'être voté.

[1] Il y a vingt ans, O'Connel, ayant eu à se plaindre du compte rendu des journaux, usa contre eux de cet ancien droit, qui n'est nullement périmé.

verbaux, existe en Angleterre de temps immémorial. Lorsqu'en 1855, M. Berkeley proposa à la Chambre des communes l'introduction du scrutin secret (*ballot*), lord Palmerston déclara, dans un de ses plus beaux discours, « que la suppression du vote public détruisant la responsabilité, qui est l'un des principes essentiels de la Constitution anglaise, serait une dégradation du caractère national [1]. » — Les mêmes idées n'ont pas toujours été adoptées en France; elles ont prévalu dans la Constitution de 1852 [2]. Les lois sont toujours votées

[1] Séance du 23 mai. La motion de M. Berkeley fut rejetée par 218 voix contre 166. — Il vient de la renouveler et elle a eu moins de succès encore; elle a été repoussée par 279 voix contre 154 (séance du 23 avril 1861). — Dès 1770, M. Worthley avait proposé en faveur du vote *by ballot* un bill qui passa aux communes, mais qui fut repoussé par leslords. — Lorsqu'on a annoncé qu'il va être procédé à un vote, le président retourne un sablier, et les portes de la salle des séances sont fermées dès qu'il a cessé de couler, c'est-à-dire au bout de quelques minutes. — Le président demande alors quels sont ceux qui votent pour et quels sont ceux qui votent contre. S'il y a doute, il dit : *The ayes to the right, the noes to the left*, puis il désigne deux *tellers* de chaque opinion pour compter les votes. — Les membres écossais ont l'habitude de discuter dans des *private parliaments of their own*, les bills qui concernent l'Écosse, et qui sont ensuite votés à la fin des séances et presque toujours sans opposition.

[2] Les articles des projets de loi sont successivement mis aux voix par le président; le vote a lieu par assis et levé; si le bureau déclare l'épreuve douteuse, il est procédé au scrutin (règlement du Corps législatif du 3 février 1861, art. 65). Après le vote sur les articles, il est procédé au vote sur l'ensemble de la loi. Le vote a lieu au scrutin public et à la majorité absolue. La présence de la majorité des députés est nécessaire pour la validité du vote (*id.*, art. 67). — La demande de cinq membres suffit pour que le Corps législatif se forme en comité secret. (C., art. 41.)

publiquement, quoique le Corps législatif ait conservé le droit de se former en comité secret.

Le dévouement du Corps législatif étant fondé sur la nécessité et sur la raison, l'élément d'opposition radicale qui s'est introduit parmi nous, il y a trois ans, n'a que très-légèrement modifié sa physionomie, et toutes les fois que certaines théories politiques ont été exposées devant lui, elles n'ont eu pour effet que de donner une force nouvelle à son esprit conservateur. La liberté d'appréciation dont jouissent nos adversaires a fait justice des assertions intéressées qui représentaient le gouvernement de l'Empereur comme une autocratie sans contre-poids, et la Chambre des députés comme une réunion d'approbateurs muets de toutes les mesures. — Le budget nous fournissait déjà l'occasion de tout examiner et de tout critiquer. Le droit que nous a conféré le décret du 24 novembre d'exprimer solennellement, par le vote d'une adresse, l'opinion du pays sur la marche des affaires, la faculté d'interpeller les ministres, dont nous avons si largement usé pour la première fois, deviendront en quelque sorte la sanction de notre contrôle. Et la concession est d'autant plus habile qu'elle était moins prévue. Mais elle ne doit évidemment pas modifier les principes qui ont été posés par la Constitution. Le discours de l'Empereur n'est point, comme l'était autrefois le discours du Trône, l'œuvre collective des membres du gouvernement; c'est l'œuvre personnelle du chef de l'État. L'adresse n'a d'autre but que d'édifier sur les vœux de la France Celui qui entend rester devant elle seul responsable de ses actes comme de ses paroles[1]. — Cependant, comment supposer qu'il refuse d'y souscrire? Comment admettre qu'il n'écoute pas la voix des représentants de la nation? Nous ne pouvons plus lui dicter nos·

[1] « Il nous paraît évident que l'adresse d'aujourd'hui ne saurait avoir le caractère et les effets de l'adresse d'autrefois. Celle-ci signifiait que les ministres devaient être choisis par les Chambres avant d'être nommés par le roi; elle signifiait que le roi était gouverné et ne gouvernait pas; par suite, l'adresse avait le caractère belliqueux d'un tournoi, où une majorité disputée et tiraillée décidait, après maintes péripéties dramatiques, qui devait sortir triomphant de la lutte parlementaire, ou les hommes qui aspiraient à posséder le pouvoir, ou ceux qui en avaient la possession. — Aujourd'hui l'adresse, au lieu d'être un champ de bataille, ne sera qu'une information loyale et patriotique sur les besoins du pays. On discutera pour éclairer le pouvoir, non pour le renverser; la parole des orateurs sera plus impartiale, quand l'ambition des portefeuilles n'en sera plus l'excitation. On fera les affaires publiques, on ne fera plus celles des coalitions et des partis. La vie publique prendra plus d'énergie; mais elle ne sera plus celle des factions. » (*Rapport de M. le président Troplong.*)

Le nouveau règlement déclare que les présidents du Sénat et du Corps législatif font de droit partie de la commission de l'adresse. C'est d'ailleurs un droit qu'avaient autrefois les présidents des deux Chambres.

volontés et l'obliger à suivre une politique qui ne lui paraîtrait pas conforme à nos véritables intérêts; nous ne pouvons plus le forcer à changer son ministère tout entier et lui imposer arbitrairement des conseillers qui n'auraient pas sa confiance. Mais ne sommes-nous pas libres de lui témoigner nos préférénces et nos méfiances et de les manifester par nos discours et par nos votes? — Tous les renseignements de nature à éclairer nos discussions sur la politique extérieure et sur la politique intérieure sont imprimés et distribués à chacun de nous[1]; il nous est permis d'y faire pour nos critiques une large moisson. — Ne sommes-nous pas libres, en persistant à repousser les projets d'un ministre, d'indiquer que ce ministre n'a pas nos sympathies? Et croyez-vous que l'Empereur hésite jamais entre le renvoi de l'un de ses conseillers et la dissolution d'une Chambre dévouée, à laquelle, d'ailleurs, il serait possible que les électeurs confiassent de nouveau leur mandat? N'est-ce pas là l'équivalent du régime parlementaire dégagé de tous ses dangers, mais conservant tous ses avantages? — Si vous comparez le langage net et précis que nous a tenu cette année l'Empereur avec

[1] Ce sont nos *blue books*.

les paroles que vos ministres ont mises dans la bouche de la Reine, les explications si catégoriques de M. Billault avec les discours emphatiques de lord Palmerston, les documents diplomatiques qui nous ont été communiqués avec ceux dont on vous a donné connaissance, vous reconnaîtrez sans doute que le contrôle des tendances du gouvernement est aussi facile en France qu'il l'est en Angleterre.

L'esprit de sagesse et de modération dont le Corps législatif a donné tant de gages depuis neuf ans se maintiendra-t-il? Résistera-t-il à de nouvelles épreuves? La conscience de ses droits et de l'importance politique qu'il vient d'acquérir ne fera-t-elle pas naître en lui la pensée d'intervenir plus activement encore dans la direction des affaires publiques?

La solution de cette grave question est, selon moi, entre les mains de ceux qui nous gouvernent. De même que les assemblées ont toujours tendu à agrandir le cercle de leurs attributions, de même les gouvernements avaient toujours cherché jusqu'ici à le diminuer. C'est de cette tendance réciproque en sens contraire que naissent les conflits d'où sortent les révolutions. Mais si le gouvernement est habile, si, tout en restant dans les sages limites que lui trace la Constitution, il continue à faire, en temps opportun, les concessions qu'indiquera l'expérience, nous continuerons à remplir, sans aucun danger, quoique avec un peu plus de bruit, l'utile mission qui nous est confiée. Et quels que soient les efforts de ceux qui espèrent retrouver dans la tribune un facile marchepied pour escalader les hautes fonctions de l'État, l'Empereur mettra définitivement de son côté une puissance devant laquelle, comme il l'a si justement dit un jour, s'inclinent toutes les autres : la puissance de l'opinion.

Il est de mode dans un certain monde, et particulièrement dans la classe moyenne, d'exalter le mérite de la Constitution anglaise. Ce n'est pas seulement depuis le rétablissement de l'Empire que notre bourgeoisie s'extasie, de confiance, sur les avantages de votre organisation politique ; l'anglomanie était du meilleur ton sous Louis-Philippe, et pendant les premières années de la Restauration vous avez été nos maîtres et nos modèles. La raison de cet engouement était toute simple ; on voyait un grand peuple jouissant d'une prospérité exceptionnelle, d'une liberté sans limites, résister par

la force de son bon sens à l'entraînement des passions
qui ont bouleversé l'Europe ; on voyait un Parlement,
presque souverain, gouverner et administrer l'Angleterre à sa fantaisie, sans jamais cependant porter la
moindre atteinte au prestige de la couronne, élever aujourd'hui les tories au pouvoir pour les remplacer de-
main par les whigs, allant perpétuellement d'un
extrême à l'autre sans agitation dangereuse, sans trou-
bles, sans émeutes ; et ne vous jugeant qu'à la surface,
ne tenant compte ni de la différence de nos mœurs, ni
de celle de nos habitudes et de nos caractères, on
croyait de bonne foi, ou on feignait de croire, que ce
qui existait là pouvait exister ici ; à l'époque même
où nos institutions politiques, calquées sur les vôtres,
auraient dû enlever tout prétexte à la critique, on trouvait encore que nous n'entrions pas assez complétement
dans votre sillon. Vous savez mieux que nous combien
les apparences libérales de votre gouvernement sont
trompeuses ; vous qui passez pour un radical, vous dé-
clareriez bien certainement votre radicalisme satisfait
si l'égalité des droits était, en matière électorale, aussi
respectée actuellement en Angleterre qu'elle l'a toujours été en France.

6

Je laisse ici de côté la question spéciale du suffrage universel ; mais quand j'examine au point de vue électoral les distinctions qui séparent en Angleterre les citoyens payant le même cens, se trouvant dans des conditions de capacité identiques et qui devraient être logiquement traités comme ils l'ont toujours été en France, c'est-à-dire sur le pied de l'égalité la plus complète ; quand je vois la différence qu'on maintient entre les droits respectifs des trois royaumes qui constituent les îles Britanniques ; quand je constate ce qui s'y est passé jusqu'en 1832 et ce qui s'y passe encore aujourd'hui, j'avoue que je reste stupéfait de la naïveté ou de la mauvaise foi de ces partisans quand même du régime anglais, et je ne puis résister au désir de vous rappeler les étranges anomalies de votre droit politique.

Avant la réforme de 1832, les francs tenanciers *free holders*), qui tenaient originairement leur investiture du roi d'Angleterre, avaient seuls le droit de voter aux élections des comtés, à l'exclusion des autres propriétaires, quelle que fût l'importance de leurs possessions territoriales. Et pendant longtemps le roi choisit arbitrairement parmi les villes celles qui devaient envoyer des députés au Parlement [1]. Les franchises électorales, accordées ainsi le plus souvent à de petites localités placées sous l'influence du souverain ou de quelque grand dignitaire, avaient pour but d'augmenter dans la Chambre des communes le nombre des voix inféodées à la couronne. Old Sarum, qui se trouvait composé d'*une seule famille d'électeurs*, nommait deux députés [2]. Ces villes, dont un petit

---

[1] C'est du treizième siècle que date la participation du peuple anglais au gouvernement du royaume et à la confection des lois. En 1254, à la suite de la lutte qui amena le triomphe sur le roi des barons associés au peuple, deux représentants par comté (*knights* ou chevaliers) furent admis à siéger au Parlement, dont l'importance, bientôt constatée par le règlement connu sous le nom de *Provision d'Oxford*, s'accrut insensiblement, et qui dès 1265 ouvrit les portes aux députés des villes, deux par cité ou bourg (*borough*). Ce nouveau droit, d'abord contesté, fut expressément confirmé par le fameux statut de 1306 (*De tallagio non concedendo*), sanction pratique de la grande charte, et portant : « Qu'aucune taille ou aide ne sera accordée à l'avenir » que du consentement du Parlement, c'est-à-dire des prélats, barons, che- » valiers, bourgeois et autres hommes libres du royaume. » L'usage voulait qu'on fît délibérer séparément les députés des villes et ceux des comtés, les premiers représentant plus particulièrement les intérêts commerciaux, et les seconds les intérêts agricoles. Mais vers la première moitié du quatorzième siècle, le principe de l'intervention du Parlement dans toutes les questions fut reconnu, ses réunions devinrent régulières et sa constitution définitive; les prélats et les barons siégeant dans la Chambre des lords, les députés des comtés et des villes dans la Chambre des communes. — Les bases sur lesquelles repose le gouvernement anglais ne devaient plus dès lors subir de modifications considérables. Le nombre des bourgs ou villes ayant droit d'élire des députés n'était que de 20 pendant le règne d'Édouard Ier; il fut de 120 pendant celui d'Édouard III. Édouard IV en ajouta 22, la reine Marie, 14, et Élisabeth, 62.

[2] Le droit d'accroître ou de diminuer à leur volonté le nombre des *boroughs*

nombre de personnes placées sous la dépendance d'un unique propriétaire, formaient tout le corps électoral, étaient appelées *close boroughs*, qu'on a traduit par bourgs pourris. Lorsque Pitt proposa, en 1782, le premier projet de réforme [1], les scandales étaient tels, vous ne l'ignorez pas, que la plupart des villes ayant la libre disposition de leurs votes, et n'étant pas inféodées à quelque noble famille, se vendaient publiquement, soit par l'intermédiaire d'un club, soit par celui d'un procureur (attorney); l'on a souvent cité des *boroughs mongers* (marchands de bourgs) qui

avait été contesté et dénié aux rois d'Angleterre par le Parlement. Aussi des villes autrefois considérables et plus tard réduites à quelques habitants conservèrent-elles jusqu'à l'acte de réforme la franchise électorale qui ne s'était pas étendue à des villes obscures dans l'origine, mais ayant acquis depuis lors une grande importance. — Old Sarum avait été siége épiscopal. Avant 1832, le droit des électeurs des bourgs dépendait entièrement des diverses chartes, coutumes et constitutions particulières à ces bourgs.

[1] Le projet de Pitt fut repoussé à une assez faible majorité, cependant les événements politiques qui bientôt se succédèrent sur le continent ne permirent plus de le représenter. La révolution de Juillet doit être considérée comme la cause déterminante de la réforme accomplie en Angleterre. Son contre-coup s'y était fait sentir de manière à inquiéter le gouvernement de Guillaume IV. Aussi, dès 1831, la Chambre des communes accueillit-elle favorablement l'*English reform bill*, que lui présentait un ministère composé *ad hoc* par lord Grey, et dont faisaient partie lord Palmerston, lord Brougham et lord John Russell. Mais à la Chambre des lords, les évêques, les pairs d'Irlande, ceux d'Écosse, et les lords lieutenants, qui formaient une majorité de tories, décidèrent son rejet, et il ne fut définitivement adopté que le 4 juin 1832, sous la menace d'une création de pairs.

disposaient ainsi de douze siéges au Parlement. En 1795, Gatting avait été vendu 110,000 livres (2,750,000 fr.), et la première élection briguée à Hull en 1818, par sir James Graham, bien qu'elle ne réussît pas, lui coûta 14,000 livres (350,000 francs). Dans les campagnes, ce n'était pas seulement de la corruption qu'on se plaignait, mais de l'abus des influences locales. Depuis la réforme électorale, tout propriétaire foncier âgé de vingt et un ans, ayant dans les comtés un revenu net de dix livres sterling (250 francs), est électeur ; dans les villes, quiconque occupe, soit comme propriétaire, soit comme locataire, une maison d'un produit net de dix livres, peut également prendre part aux élections de la Chambre des communes, pourvu que les uns et les autres se soient fait inscrire sur la liste électorale [1]. Enfin, pour être éligible, il faut avoir vingt et un ans et justifier d'un revenu de 600 livres sterling (15,000 fr.), lorsqu'il s'agit d'être élu dans un comté, et de 300 livres seulement dans les bourgs. Si cette règle s'appliquait

[1] Pour être inscrit sur la liste électorale, il faut avoir un an de domicile, six mois de résidence réelle, et justifier de l'acquittement préalable des diverses taxes, surtout de la taxe des pauvres (*poor rate*). L'électeur ayant un droit à vie perd l'usage de ce droit si pendant deux ans consécutifs il a omis de se faire inscrire sur le registre.

indistinctement à tous les citoyens et dans les trois royaumes, le progrès serait incontestable et l'on serait moins bien venu à réclamer, comme on le fait aujourd'hui de tous côtés, une nouvelle réforme. Mais dans les comtés, je ne parle encore que de l'Angleterre, dans les comtés, les francs tenanciers héréditaires ou à vie, quels que soient leurs revenus, continuent à jouir du bénéfice de l'ancienne législation et les droits des fermiers résultent tout à la fois du prix, et de la durée de leur bail [1]; dans les villes, les membres des corps de métiers ou autres corporations des bourgs et de la Cité de Londres (*freemen ou liverymen*) conservent à perpétuité leurs vieilles franchises électorales; bien plus, tous ceux qui, antérieurement au 7 juin 1832, avaient, à un titre quelconque, le droit de voter, le gardent temporairement. Je ne vous rappellerai pas les nombreuses réserves qui ont été faites aux conditions requises, en principe, pour l'éligibilité [2]. Dès que l'on touche à

[1] Ceux-là sont électeurs qui ont un bail d'au moins soixante ans et d'un produit net et annuel de 10 liv. st.; mais lorsqu'il s'agit d'un bail contracté pour vingt ans seulement, il faut que le prix en soit de 50 liv. (1,250 fr.). La même règle est appliquée aux simples tenanciers.

[2] Les fils aînés de pairs et les membres des universités sont exempts de toute obligation de cens. Les pairs ne peuvent être élus à la Chambre des communes ni prendre part aux élections de cette Chambre, excepté les pairs

la législation de cette terre classique de la liberté et de l'égalité, on ne rencontre que priviléges, exceptions et restrictions.

En France, lorsque nous parlons des Anglais, nous ne faisons pas plus de distinction entre les habitants de Londres, de Dublin ou d'Édimbourg, qu'entre un habitant de Paris, de Lille ou de Besançon. Les citoyens des îles Britanniques ayant le même souverain, le même drapeau, le même parlement, la même langue, étant soumis envers leur patrie commune aux mêmes obligations, nous devons croire qu'ils jouissent des mêmes droits; que la loi des Anglais, celle des Écossais et celle des Irlandais ne forment qu'une seule et même loi. Il n'en est point ainsi [1]. En Écosse, comme en Angleterre, les possessions territoriales relevaient toutes du roi; mais en Angleterre les francs tenanciers étaient tous électeurs, tandis qu'en Écosse

d'Irlande qui ne sont pas élus à la Chambre des lords. Lord Palmerston, pair d'Irlande, représentait à la Chambre des communes le bourg de Tiverton, dans le Devonshire. Si les pairs anglais ne sont pas éligibles, les membres de leur famille profitent largement de leurs droits électoraux. On a remarqué, en 1854, que 145 membres des familles de la pairie siégeaient à la Chambre des communes.

[1] L'acte de réforme du 7 juin 1832 ne concernait que l'Angleterre et le pays de Galles. Une nouvelle loi relative à l'Écosse fut promulguée le 17 juillet, et celle qui concernait l'Irlande, le 7 août de la même année.

les tenants immédiats (*who held in chief*) avaient seuls le droit de voter [1]. Depuis la réforme, les anciens priviléges des Écossais sont devenus viagers, ceux des Anglais et des Irlandais se trouvent réservés pour l'avenir. En Écosse, c'étaient autrefois les conseils municipaux des villes formant un *royal burgh* [2] et composés de vingt personnes se recrutant elles-mêmes, ou plutôt c'étaient cinq délégués de ces conseils municipaux réunis au chef-lieu (*head burgh*) qui choisissaient un député [3]. Cela constituait un genre de vote à deux degrés qui offrait la plus

[1] Le propriétaire que sa charte déclarait *vassal du tenant* n'avait pas le droit de voter, à moins de stipulation contraire. De telle sorte que le droit de vote se séparait fréquemment du droit de propriété, et qu'un *feudal over-lord* pouvait, à sa volonté, rester électeur en vendant son patrimoine, ou bien cesser de l'être en le conservant. C'est ainsi que, par une des bizarreries de la Constitution, les pairs auxquels il était interdit de voter euxmêmes devenaient libres de conférer leur privilége électoral à une ou à plusieurs personnes.

[2] Avant la réforme, l'Écosse était représentée par 30 députés de comtés et par 15 de bourgs royaux. Edinburgh et Glascow en nommaient isolément un, et l'on classait les autres villes par groupes de cinq pour chaque élection.

[3] Des villes très-importantes, telles que Greenville, l'un des grands dépôts du commerce, Peterhead, le siége principal de la pêche de la baleine, Paisley, le centre industriel et manufacturier le plus considérable après Glascow, n'étaient pas des *royal burghs*. Le nombre des votants ne dépassait pas alors trois mille dans les comtés. Quatre ou cinq mille personnes composaient tout le corps électoral d'une population de plus de deux millions d'habitants.

large prise à la corruption [1]. Aujourd'hui la franchise électorale, qui était réservée aux conseils municipaux, est étendue aux propriétaires et aux locataires ayant un revenu ou un loyer de dix livres sterling. Quant à l'Irlande, dont les francs tenanciers avaient les mêmes priviléges que les francs tenanciers anglais, on a suivi pour elle, en 1832, un système analogue à celui qui avait été adopté pour l'Angleterre; elle semble ainsi, chose étrange, bien plus favorisée que l'É-cosse en matière électorale. Le serment religieux que les membres des corporations étaient obligés de prêter avant le vote, ayant été aboli en 1828, n'exclut plus les catholiques des élections, et les Irlandais jouissent maintenant, dans les villes comme dans les comtés, de droits pareils à ceux des habitants de l'Angle-terre. Cependant, à d'autres points de vue, quel servage est le leur! quelle misère au milieu de la prospé-rité générale! avec quelle indifférence on traite dans le Parlement ces sujets catholiques rivés par des chaînes à

[1] Lord Brougham, dans son *Essai sur la Constitution*, déclare qu'il est impossible de guérir la plus grande plaie de l'Angleterre, la corruption (page 127), et plus loin il se plaint de cette réforme (dont cependant il fut l'un des auteurs) qui a multiplié les bourgs de 200 à 400 votants, de telle sorte que tous les genres de corruption y sont pour ainsi dire en serre chaude : *hotbeds of every species of corruption* (page 128).

la Grande-Bretagne, et dont le fameux O'Connel ne peut plus signaler le martyre à l'Europe indignée!

Je ne vous dirai rien des formalités du poll (scrutin) [1], malgré leur bizarrerie; je n'établirai aucun parallèle entre notre manière de faire les lois et vos procédés législatifs. Peut-être trouverez-vous déjà longue cette digression. Mais, je vous le demande, est-ce donc la constitution électorale antérieure à 1832 que l'on nous proposerait pour modèle? Est-ce celle qui existe aujourd'hui, que vous avez si souvent et si éloquemment combattue et que ses auteurs flétrissent eux-mêmes avec tant de raison? ou bien serait-ce la nouvelle réforme qu'a vainement réclamée lord Russell et qui a

---

[1] Les formalités du *poll*, bien qu'elles aient entre elles de grandes analogies, ne sont pas absolument identiques en Angleterre, en Écosse et en Irlande. L'ordre de convocation est donné pour les trois royaumes par le *lord chancelier*, si l'on doit procéder à une élection générale, et par le *speaker* (président de la Chambre des communes), s'il s'agit d'une élection partielle. Le scrutin n'est pas ouvert si le nombre des candidats ne dépasse pas celui des membres à élire, et s'il n'est pas réclamé. Le député se trouve alors nommé de plein droit (*by a show of hands*). Les noms des votants sont inscrits sur un registre spécial à chaque candidat. — Le scrutin est ouvert, en Irlande (dans les comtés et dans les villes), le jour fixé pour l'élection ou le lendemain au plus tard, et seulement deux jours après (*the next day but two after the day fixed for the election*) dans les comtés d'Angleterre et d'Écosse. Dans les bourgs d'Angleterre, il doit commencer immédiatement; dans ceux d'Écosse, il peut être retardé jusqu'au quatrième jour. La durée du scrutin est de deux jours en Angleterre et en Écosse; mais en Irlande il se prolonge quelquefois pendant cinq jours.

été repoussée par les uns comme trop radicale, et par les autres comme insuffisante? Malheureusement, tout se tient dans votre organisation politique : respect de la royauté et omnipotence du Parlement; licence de la presse et soumission aux lois; inégalités des droits électoraux et priviléges aristocratiques; liberté illimitée du commerce et de l'industrie et monopoles des corporations; chaos de la justice et simplicité primitive des rouages administratifs. C'est le mélange de ces bonnes et de ces mauvaises choses qui constitue tout à la fois la force et la faiblesse de votre gouvernement; c'est la tradition de tous ces abus, c'est leur consécration par le temps et par un constant usage qui les fait instinctivement respecter par le peuple, et, je vous l'ai dit en commençant ces lettres, le jour où vous porteriez résolûment la main sur l'un d'eux, ce jour-là, le prestige qui protége votre édifice social disparaissant, tout pourrait disparaître avec lui.

Que l'on cesse donc de nous proposer l'Angleterre comme l'exemple de la perfection. Vous ne devez pas plus être *nous* que nous ne pouvons être *vous*. Restons avec nos instincts, nos goûts, nos habitudes, nos besoins; la liberté telle que vous la comprenez, nous importe moins que l'égalité; et vous, vous inquiétez médiocrement de l'égalité pourvu que vous ayez la liberté. Gardons les uns et les autres ce qui nous convient : *Suum cuique.*

IV

Qu'est-ce que le Sénat ? Quel est son rôle dans le gouvernement impérial ? Ce rôle est-il à peu près insignifiant, ainsi que les adversaires passionnés de l'Empire le prétendent encore, même après le vote de l'adresse, ou bien est-il aussi considérable que le déclare le préambule de la Constitution [1] ?

Ce sont là de graves questions fort délicates à discuter, mais cependant faciles à résoudre.

Le Sénat est, dans l'ordre des préséances, le premier des grands corps de l'État ; il a pour président l'une des gloires de la magistrature française ; ses membres sont presque tous d'anciens hauts fonctionnaires civils et militaires, ayant mérité, par de longs services rendus au pays dans des situations diverses, une hono-

[1] « Il remplit dans l'État le rôle indépendant, salutaire, conservateur des anciens Parlements. » (*Préambule de la Constitution.*)

rable et lucrative retraite [1]. — La dignité de sénateur qui est inamovible, n'est pas héréditaire. — Les éléments qui le composent sont les mêmes que ceux dont se composait la Chambre des pairs, mais les généraux s'y trouvent relativement en plus grand nombre. Ses attributions n'ont d'ailleurs d'analogie ni avec celles de cette ancienne Chambre, ni par conséquent avec celles de la Chambre des lords [2]. La Chambre des pairs revisait

[1] Les sénateurs ont une dotation annuelle de 30,000 fr.

Le président de la Chambre des lords est le lord *high chancellor*, ou garde du grand sceau du roi, nommé à cet effet par commission royale. Il prend part au vote comme les autres lords *s'il est pair*. Sa voix n'est pas prépondérante en cas de partage, mais dans ce cas la règle est que l'opinion négative prévaut.

[2] Dans le langage héraldique des Anglais, sont nobles toutes les familles qui ont droit à des armoiries. *Nobiles sunt qui arma gentilica antecessorum suorum proferre possunt*, dit Edward Coke. — Mais dans le sens légal, les nobles sont les pairs seuls. — Les enfants des pairs, les aînés eux-mêmes, bien que beaucoup d'entre eux portent des titres de marquis, *earls*, *viscounts* ou lords, sont des *commoners* ou roturiers. — Dryden appelle l'aristocratie la porcelaine de l'humanité.

Après la conquête des Normands, tous les nobles prirent le titre de baron. Les barons se divisèrent bientôt en deux classes : *barones majores*, ceux que le roi appela à son conseil, *pares curiæ regis; barones minores*, ceux que le roi n'appela pas à son conseil, mais qu'il fit convoquer et réunir en assemblée par les shérifs, et qui devinrent les *knights of shire*, chevaliers ou représentants du comté. — Le titre de baron était attaché à la possession d'un fief tenu du roi. Les évêques eux-mêmes n'étaient lords qu'à ce titre. — Le clergé formait autrefois en Angleterre presque un ordre distinct, qui avait ses assemblées particulières, *convocations*, et qui s'imposait lui-même. Les prélats de la Chambre des lords sont depuis longtemps devenus les seuls représentants du clergé, dont les *convocations* n'ont plus lieu que pour la forme. Réunies à l'ouverture de chaque parlement, elles sont prorogées immédiatement après avoir voté une adresse au

les lois votées par la Chambre des députés, c'est-à-dire
les discutait, les amendait, les adoptait ou les repoussait;
et l'on cite souvent encore à leur honneur l'exemple

trône. — Avant la réforme de Henry VIII, les pairs ecclésiastiques étaient
plus nombreux que les laïques; après la réforme, il ne resta plus comme
pairs que des archevêques et des évêques; la suppression des monastères fit
disparaître en une seule fois de la Chambre des lords vingt-sept abbés et deux
prieurs. — Il y a trente lords spirituels qui se divisent actuellement ainsi :
deux archevêques et vingt-quatre évêques, pairs d'Angleterre et membres à
vie de la Chambre des lords, en vertu d'un droit inhérent à leur siége épiscopal; un archevêque et trois évêques, pairs d'Irlande, qui siégent *by rota-
tion*, à tour de rôle, conformément à l'acte d'union. Quant à l'Écosse, elle
n'a pas d'évêques, le maintien de l'Église presbytérienne ayant été garanti
par l'acte d'union. Les lords spirituels, comme les lords temporels, siégent
de même que les anciens barons, comme étant censés tenir d'anciennes ba-
ronnies royales. — Les lords spirituels et les lords temporels, bien que
distingués dans les actes du Parlement, ne forment pas deux ordres, mais
siégent et votent ensemble. — Toutefois les lords spirituels, dans le sens
strict du mot, ne sont pas pairs du royaume. — Le nombre des pairs temporels était de cinquante-trois en 1454. Réduit à vingt-neuf au premier
parlement de Henry VII, après la guerre des Roses, dans laquelle la
noblesse anglaise avait été si cruellement décimée; il était de cinquante à
soixante au seizième siècle, de près de cent sous Jacques Ier, d'environ
cent vingt sous Charles Ier, de cent trente-neuf à la restauration. — Il s'é-
lève aujourd'hui à quatre cent cinquante environ. — Les pairs temporels
se divisent en pairs d'Angleterre, d'Écosse et d'Irlande. Tous les pairs d'Angleterre siégent à la Chambre des lords. Ils étaient, en 1851, au nombre de
379. Ceux qui y siégent pour l'Écosse et l'Irlande siégent par représentation de leurs pairs, par lesquels ils sont élus. Les seize pairs d'Écosse sont
élus pour un parlement seulement, c'est-à-dire pour sept ans dans l'ordre
ordinaire des choses. La manière de procéder à leur élection est réglée par
Anne VI, c. 23, et par 2 et 3 W. IV, c. 63. Les vingt-huit pairs d'Irlande
sont élus à vie. Leur élection est réglée par l'acte d'union lui-même, S. 39 et
40 G. III, c. 67. Autrefois les juges des trois cours supérieures du royaume,
ainsi que les membres du conseil privé, faisaient toujours partie de la Chambre des lords.—Il ne faut pas oublier non plus onze pairesses (*peeresses in
their own right*), dont la plus ancienne est la baronne Zoe Despencer, créa-

célèbre du rejet par les pairs de la Restauration du retour au droit d'aînesse qu'avaient voté les députés et que proposait le gouvernement. La Chambre des lords pro-

tion 1264, et la dernière, la duchesse d'Inverness, création 1840; elles ont, en certaines occasions, un siége à la Chambre des lords.

La plupart des noms de pairs sont normands, peu sont bretons ou saxons. Les familles de la pairie ne sont pas des plus anciennes. Grimaldi, le savant auteur des *Origines genealogicæ*, a examiné la liste des pairs de 1828, et a trouvé que trente-cinq seulement faisaient remonter leur origine avant la conquête et cent soixante avant l'an 1600. Le pair dont la création remonte le plus haut est le baron de Ros, dit premier baron d'Angleterre, créé en 1264. Quatre autres barons appartiennent au treizième siècle, trois au quatorzième, un duc, trois comtes et six barons au quinzième. Le nombre de ceux qui appartiennent au seizième et au dix-septième siècle n'est pas non plus considérable. Le plus grand nombre est du dix-huitième et du dix-neuvième siècle.— Il est des pairs qui siégent comme pairs d'Angleterre sous un titre différent de celui sous lequel ils sont ordinairement désignés. Cela tient à ce qu'ils sont à la fois pairs d'Angleterre et d'Écosse ou d'Irlande. Ainsi lord Aberdeen est comte Aberdeen en Écosse, mais siége à la Chambre des lords comme pair d'Angleterre, avec rang et sous le titre de *vicomte Gordon.* (C'est en 1814 que lord Aberdeen, alors pair d'Écosse, fut nommé pair d'Angleterre, pour récompenser la distinction avec laquelle, à l'âge de vingt-huit ans, il avait représenté l'Angleterre aux conférences de Tœplitz et au congrès de Vienne.) De même le marquis de Clanricarde, marquis dans la pairie d'Irlande, siége comme baron Somerhill. Au contraire lord Charlemont, bien que simple baron en Angleterre, siége comme comte à la Chambre des lords, parce qu'il est comte dans la pairie d'Irlande, et qu'il est pair élu d'Irlande. La préséance parmi les pairs se règle d'après les titres. Les princes du sang d'abord, puis les ducs, les marquis, les comtes, les vicomtes et enfin les barons. Parmi ceux qui portent le même titre, le rang se règle d'après la date de la création de la pairie, les pairs d'Écosse et d'Irlande ne prenant rang toutefois qu'à la date des unions, quelque ancien que puisse être leur titre. Quant aux évêques, ceux de Londres, de Durham et de Winchester ont la préséance en vertu de leurs siéges; les autres suivent d'après la date de leur consécration.—Un pair ne peut être dégradé que par acte du Parlement, et il n'y a qu'un seul exemple, celui de George Neville, duc de Bedford, dégradé sous Édouard IV *à raison de son extrême pauvreté.*

cède chez vous de la même façon, et jouit également du droit de *veto*, tandis que le Sénat ne peut s'opposer à la promulgation d'une loi qu'en la déclarant inconstitutionnelle [1].

S'il n'est pas, comme l'ancienne Chambre des pairs, une sorte de Cour d'appel révisant les lois votées par la Chambre des députés, il a des attributions beaucoup plus importantes et d'une utilité moins contestable.

Le Sénat, comme le Corps législatif, manifeste chaque année, par une adresse à l'Empereur, son opinion sur la marche des affaires [2]; — et vous n'avez pas perdu le souvenir des discussions retentissantes qui ont inauguré ce nouveau droit. — Il est, dit la Constitution, « le gardien du pacte fondamental et des libertés publiques; aucune loi ne peut être promulguée avant de lui avoir été soumise (art. 25). — Il s'oppose à la promulgation : 1° des lois qui seraient contraires ou qui porteraient atteinte à la Constitution,

---

[1] Le Sénat n'ayant à statuer que sur la question de promulgation, son vote ne comporte la présentation d'aucun amendement (Décret organique, art. 10). Le président du Sénat proclame en ces termes le résultat du scrutin : *Le Sénat s'oppose* ou *le Sénat ne s'oppose pas à la promulgation* (*id.*, art. 14).

[2] Décret du 24 novembre 1861.

à la religion, à la morale, à la liberté des cultes, à la
liberté individuelle, à l'égalité des citoyens, à l'invio-
labilité de la propriété, au principe de l'inamovibilité
de la magistrature ; 2° de celles qui pourraient compro-
mettre la défense du territoire (art. 26). — Il règle,
par un sénatus-consulte, la Constitution des colonies et
de l'Algérie [1], tout ce qui n'a pas été prévu par la Constitution ou qui serait contraire à sa marche, le sens de
ses articles qui donnent lieu à différentes interprétations (art. 27). — Il maintient ou annule tous les actes
qui lui sont déférés comme inconstitutionnels par le
gouvernement, ou dénoncés pour la même cause par
les pétitions des citoyens (art. 29). Il peut, dans un
rapport adressé à l'Empereur, poser les bases des projets de loi d'un grand intérêt national (art. 30); il peut
également proposer des modifications à la Constitution
art. 31). Le droit de pétition s'exerce auprès du Sénat
art. 45); les ministres ne peuvent être mis en accusation que par lui (art. 13); et, en cas de dissolution du
Corps législatif, et jusqu'à une nouvelle convocation,
c'est lui qui pourvoit, par des mesures d'urgence, à tout

---

[1] L'échange des biens composant la dotation de la couronne ne peut être
autorisé que par un sénatus-consulte (S. c. du 12 décembre 1852, art. 8).

ce qui est nécessaire à la marche du gouvernement (art. 33). »

Ainsi, tous les grands principes d'ordre, de morale et de conservation sont placés sous la sauvegarde de l'autorité souveraine du Sénat. — Il ne contribue pas, il est vrai, à la confection des lois, mais il exprime, dans la même forme que le Corps législatif, son libre avis sur la politique générale du gouvernement, et il a le pouvoir de faire plus que de simples lois, car seul il fait les lois organiques dont les autres ne sont que la conséquence ; seul il interprète la Constitution ; il annule tous les actes qui lui sont dénoncés comme étant une violation de son texte ou de son esprit ; il a en outre le droit permanent (jusqu'ici réservé à des assemblées temporaires spécialement convoquées dans ce but) de proposer au chef de l'État des modifications à la Constitution elle-même ; enfin par l'examen régulier des pétitions, il exerce sur l'administration tout entière un contrôle indirect qui trouverait au besoin sa sanction dans la mise en accusation des ministres.

Ce sont là assurément des attributions considérables ; et vous êtes trop loyal pour contester qu'elles ne donnent un jour au Sénat une action politique supérieure à celle de la Chambre des lords, qui, excepté au point de vue purement judiciaire, n'a pas d'autres droits que la Chambre des communes, avec laquelle elle se borne à partager le pouvoir législatif et sans laquelle elle ne peut rien [1]; supérieure à l'autorité de cette Chambre haute qui tire tout son prestige de l'hérédité, et dont vos radicaux réclamaient déjà la suppression il y a vingt-cinq ans, « comme étant un rouage » inutile lorsqu'il n'est pas nuisible [2]. »

Je ne prétends pas cependant qu'avant le décret du 24 novembre le fait ait toujours été d'accord avec le droit.

L'initiative, qui est absolument refusée au Corps législatif, est le principal attribut du Sénat. Or, s'il faut en croire ce que nous avons vu pendant neuf ans, l'Empereur a sagement agi en donnant à des hommes dont une longue pratique des affaires lui garantissait la prudente réserve, ce qu'il refusait à un corps que son origine rendait plus accessible aux entraînements irré-

---

[1] Les communes prirent, le 6 février 1649, une résolution portant que la Chambre des pairs « était inutile et dangereuse, et devait être abolie ».

[2] Voir notamment deux brochures publiées en 1835 par M. Roebuck, et ayant pour titres : *The evil of the house of lords*, et *Of what use is the house of lords*.

fléchis de l'opinion. Le Sénat n'a pas encore abusé —
d'autres ont dit qu'il n'avait pas assez usé — de ses
priviléges. Je ne lui ferai certes pas un reproche de
n'avoir proposé aucune de ces modifications radicales
à la Constitution que réclame l'esprit de parti dans le
but peu dissimulé de s'en servir pour la renverser.
Mais à l'exception d'un rapport concernant les enfants
trouvés, auquel il n'a point été donné suite [1], et du code
rural dont le premier livre a été seul achevé [2], aucun
des projets de loi d'un grand intérêt national, qui sont
pour le Sénat un monopole, n'a été élaboré par lui. Il
est vrai qu'à l'occasion du code rural, une question
de principe, qui date de près de trois ans et que le
gouvernement vient plutôt d'éluder qu'il ne l'a tran-
chée, avait été soulevée par le Conseil d'État [3]. C'était
celle de savoir si le droit de poser les bases d'une loi
impliquait, comme le pensait le Sénat, celui d'entrer
dans tous les détails de cette loi, ou bien seulement
d'en rédiger le canevas, comme le soutenait avec

---

[1] Le premier président Troplong était rapporteur de ce projet de sénatus-
consulte.

[2] Rapporteur, M. le comte de Casabianca.

[3] Le Conseil d'État a été directement chargé par le gouvernement de préparer un projet complet de code rural.

raison le Conseil d'État. La solution aurait pu se faire
longtemps attendre, puisque d'une part le Sénat,
qui seul interprète l'esprit de la Constitution [1], était
ici le juge de sa propre cause, et que d'autre part
la Constitution elle-même ne rendant les sénatus-
consultes éxécutoires que lorsqu'ils ont obtenu la
sanction du gouvernement, on se trouvait dans une
véritable impasse. Il est évident qu'on accordant au
Sénat le droit de *poser les bases* de certains projets de
loi, la Constitution est suffisamment explicite et n'a pas
pu vouloir substituer le Sénat au Conseil d'État, qui,
pour me servir des termes mêmes qu'elle emploie, « est
» chargé de les rédiger [2]. » Peut-être le gouvernement
était-il moins fondé à s'opposer aux désirs légitimes du
Sénat dans d'autres circonstances, notamment lorsqu'il
s'est agi de charger une commission spéciale de l'examen des vœux des conseils généraux, afin de ne plus
confondre les réclamations formulées par les représentants naturels et légaux des populations avec les pétitions des simples particuliers [3]. L'étude approfondie

---

[1] Constitution, art. 27.
[2] *Id.*, art. 50.
[3] Proposition de M. Ferdinand Barrot, du 11 janvier 1856.

des besoins réels du pays, qui constitue la mission essentielle du Sénat, fût ainsi devenue chaque année obligatoire, et n'eût pas été laissée à l'initiative individuelle, sur laquelle il est sage de ne pas trop compter.

Quoiqu'il en soit, le droit d'initiative existe pour le Sénat, et cela suffit. La crainte d'embarrasser la marche du gouvernement a pu l'empêcher de s'en servir aussi fréquemment que l'auraient voulu des esprits aventureux ou de secrets ennemis ; mais il ne le laissera pas périmer. Contrairement à ce qui se passe en Angleterre, nous serions plutôt disposés à exagérer la portée de nos garanties constitutionnelles qu'à nous renfermer dans leur application littérale. —Le Sénat n'a-t-il pas déjà offert quelques exemples de cette vérité lorsqu'au lieu de se borner à examiner si les lois votées par le Corps législatif étaient ou non contraires au texte ou à l'esprit de la Constitution, il s'est laissé entraîner à des discussions sans résultat possible, sur le fond même de ces lois ?

Les diverses attributions du Sénat se trouvent en quelque sorte résumées dans le droit d'initiative, qui lui permet d'ouvrir la porte à tous les sages progrès, et dans celui de recevoir des pétitions, qui en est le stimulant.

Le droit de se plaindre, de signaler les abus du

pouvoir ou de réclamer, au nom de l'intérêt public, d'équitables améliorations, est incontestablement l'un des plus précieux que puissent revendiquer les citoyens, surtout dans un pays où la liberté limitée de la presse se trouve souvent contrôlée par l'autorité même contre laquelle ils ont des griefs. L'examen des pétitions, qui, sous le régime parlementaire et comme cela existe encore chez vous, appartenait aux deux Chambres, est aujourd'hui entièrement confié au Sénat [1]. Le Conseil d'État ne s'en occupe qu'indirectement, à l'occasion d'intérêts privés et par délégation [2] de l'Empereur. Ce n'est pour lui qu'un

---

[1] En Angleterre, les pétitions peuvent être indistinctement adressées à la Chambre des lords, à la Chambre des communes ou à la reine. Mais aucune pétition ne peut être présentée à la barre de l'une des deux Chambres par plus de dix personnes ni signée par plus de vingt, à moins qu'elle ne soit approuvée par trois juges de paix (*justices of peace*), qui ont une bien autre importance que les fonctionnaires connus en France sous le même nom, par la majorité du grand jury, ou enfin, à Londres, par le lord maire et le conseil municipal. Les pétitions, en Angleterre, ne sont pas renvoyées aux ministres; la Chambre se les approprie, si elle le juge convenable et en vertu de son droit d'initiative.

[2] Toutes les pétitions ou réclamations d'intérêt privé adressées à l'Empereur sont transmises par ses ordres à une commission spéciale du Conseil d'État, qui, après un examen sommaire, les renvoie presque toujours aux ministres compétents. Le président de cette commission travaille avec l'Empereur, mais n'appelle son attention que sur celles qui offrent un intérêt exceptionnel. — On ne peut saisir *directement* le Conseil d'État d'aucune pétition.

accessoire à des attributions spéciales, qui ne lui laissent
pas le loisir d'y consacrer des soins minutieux. Les
motifs qui ont fait refuser au Corps législatif toute initiative lui ont également fait interdire de recevoir des
pétitions. Le Sénat étudie avec la plus scrupuleuse attention toutes celles qui lui sont adressées. Il ne se
passe guère de séance générale sans que plusieurs des
membres de la commission, nommée chaque mois dans
les bureaux pour procéder à leur examen, n'aient à lire
un rapport, sommaire s'il s'agit de réclamations de peu
d'importance, détaillé et souvent très-remarquable
lorsque la question en litige mérite quelque attention
ou touche à de grands intérêts. Les discussions soulevées
par les pétitions relatives au maintien du pouvoir tem-
porel du pape et par les réclamations qui avaient pour
objet le mode d'exécution de notre nouveau traité de
commerce, sont la preuve la plus évidente de l'utilité
du rôle que la Constitution réserve à un corps composé d'hommes politiques aussi considérables, d'admi-
nistrateurs aussi expérimentés, de jurisconsultes aussi
éminents que ceux de l'ancienne Chambre des pairs.

Le rapport mensuel sur les pétitions, quelles qu'elles
soient, à moins qu'il ne s'agisse de la dénonciation d'un

acte du gouvernement comme étant inconstitutionnel (dans ce cas, la question préalable peut être proposée en assemblée générale [1]), est obligatoire et n'est subordonné à aucune formalité [2], mais la prise en considération d'un projet de sénatus-consulte ou celle d'un rapport posant les bases d'un projet de loi d'intérêt national, doit être d'abord autorisé par trois des cinq bureaux qui composent le Sénat. La même formalité est exigée pour les propositions de modifications à la Constitution, qui doivent en outre être revêtues de dix signatures [3]. — Il est facile de comprendre les raisons qui ne permettent l'introduction de pareilles propositions que lorsqu'elles sont l'expression des idées d'un certain nombre de sénateurs. La prise en considération de celles qui sont faites au nom du gouvernement est nécessairement de plein droit. Toute modification aux bases fondamentales de la Constitution devient l'objet d'un plébiscite, lorsqu'elle a été adoptée par l'Empereur.

[1] Décret impérial du 31 décembre 1852, art. 30, confirmé par celui du 3 février 1861.

[2] *Id.*, art. 17 et 25. Tout sénateur peut proposer de présenter à l'Empereur un rapport posant les bases d'un projet de loi d'un grand intérêt national. (Règlement du 3 février 1861, art. 24).

[3] Const., art. 29. — Règlement du 3 février 1861, art. 21, 22 et 23.

Le Sénat, jouissant du droit d'initiative, possède, *à fortiori,* celui de proposer des amendements. S'ils se produisent pendant le cours de la discussion en assemblée générale, ils doivent être appuyés par cinq membres; s'ils précèdent la discussion, chaque sénateur a la faculté de les développer devant la commission compétente. Le ministre d'État étant l'intermédiaire officiel des relations des grands corps politiques avec le gouvernement, c'est à lui que le président du Sénat communique les amendements, les prises en considération d'une proposition, le feuilleton des pétitions, les rapports des commissions et le résultat des délibérations de l'assemblée générale. Vous avez pu remarquer que les relations du Corps législatif avec le Conseil d'État, étant plus fréquentes, sont plus directes; son président correspond sans intermédiaire avec le président du Conseil d'État[1]. Le gouvernement est d'ailleurs représenté par les ministres sans portefeuille et par des conseillers d'État, dans toutes les délibérations du Sénat comme dans toutes celles du Corps législatif[2].

---

[1] Décret impérial du 3 février 1861, art. 60.

[2] *Id.*, art. 32 et 47. — Les ministres sans portefeuille et les conseillers d'État ne sont point assujettis au tour de parole. (*Id.*, art. 33 et 75.)

Tout ceci est simple, précis, logique, et ne ressemble guère à la confusion de vos procédés législatifs, dont lord Palmerston se plaignait récemment et avec tant de raison.

La Chambre des lords a des priviléges et des anomalies qui rappellent les temps de la féodalité, dont en France on ne peut se faire une juste idée et que je suis loin de vous avoir tous signalés à propos des élections [1]. Ainsi un lord peut voter par *proxies,* c'est-à-dire qu'il a la faculté de désigner un autre lord pour voter en son absence; mais un sénateur ne peut, pas plus qu'un député, déléguer son vote [2]. Et tandis que la présence de vingt membres, aux séances du matin, et celle de quarante à celles du soir, suffit pour que le Parlement anglais puisse délibérer, aucun vote n'est validé, en

[1] Voir page 82.

[2] Le vote par *proxy* ne pouvait autrefois avoir lieu qu'avec la permission du roi, *by licence obtained from the crown.* Sous Charles Ier, le droit de voter ainsi fut reconnu comme étant indépendant de la couronne et limité seulement par les règlements de la Chambre. On cite des exemples de membres de la Chambre des lords qui, dans certaines occasions, eurent jusqu'à treize *proxies.* Le règlement n'autorise plus maintenant un lord qu'à tenir deux *proxies,* ce qui est encore un bien singulier abus, et les lords spirituels ne peuvent avoir pour *proxies* que des lords spirituels, les lords temporels que des lords temporels. — Le vote par *proxies* et la présence des femmes dans certaines occasions rappellent l'ancien *Wltenagemote* (véritables champs de mai), d'où la Chambre des lords tire son origine, et qui paraît avoir eu ces usages.

France, s'il n'est pris par la majorité des députés ou par plus du tiers des membres du Sénat [1].

En cas de *treason* et de *felony*, le pair ou la pairesse sont jugés par la Chambre des lords, après avoir été mis en accusation par un grand jury formé dans la Chambre même. Autrefois, il était également de principe que les pairs de France ne pouvaient être jugés que par leurs pairs; mais les sénateurs, comme tous les hauts dignitaires de l'Empire, sont traduits, même pour de simples délits, devant une cour spéciale [2].

---

[1] Règlement, art. 12 et 67.— Les séances du matin du Parlement anglais sont généralement consacrées aux affaires d'intérêt privé, et celles du soir aux affaires d'intérêt public.

[2] « La haute cour de justice créée par l'art. 54 de la Constitution, se compose : 1° d'une chambre des mises en accusation et d'une chambre de jugement formée de juges pris parmi les membres de la Cour de cassation ; 2° d'un haut jury pris parmi les membres des conseils généraux des départements. (S. c. du 10 juillet 1852.) » — La haute cour de justice connaît des crimes et des délits commis par des princes de la famille impériale et de la famille de l'Empereur, par des ministres, par des grands officiers de la couronne, par des grand'croix de la Légion d'honneur, par des ambassadeurs, par des sénateurs, par des conseillers d'État. (S. c. du 4 juin 1858, art. 1er.) — Si la poursuite a pour objet un délit, la chambre de jugement statue sans l'assistance du jury. Le premier président de la Cour de cassation et les trois présidents de chambre de cette cour, ou à leur défaut les conseillers qui remplissent leurs fonctions, lui sont adjoints. Elle est présidée par le premier président. (*Id.*, art. 2.) — « Si des ministres sont mis en accusation par le Sénat, en vertu de l'art. 13 de la Constitution, la chambre de jugement de la haute cour est convoquée par un décret impérial qui fixe le lieu des séances et le jour de l'ouverture des débats. (*Id.*, art. 3.) Aucun membre du Sénat ne peut être poursuivi ni arrêté pour crime ou délit, ou

Les sénatus-consultes restent à l'état de lettres mortes si l'Empereur ne les promulgue pas. Il n'en résulte pas que l'initiative du Sénat devienne presque sans objet. Le droit de veto n'est point une innovation de la Constitution impériale. Il a été accordé au pouvoir exécutif dans tous les pays et sous tous les régimes. Je n'ai pas besoin de vous rappeler qu'en Angleterre la reine peut, par sa seule volonté, empêcher la promulgation des lois qu'auraient adoptées les lords et les communes, de même que sous la Restauration et pendant le règne de Louis-Philippe, le veto du roi rendait nul le double vote de la Chambre des députés et de la Chambre des pairs. Admettre un principe contraire, ce serait décréter l'anarchie, transformer le pouvoir législatif en convention et le pouvoir exécutif en comité de salut public. Cependant si, en droit, le chef de l'État a toujours eu la faculté de s'opposer à la promulgation des lois, en fait l'usage de cette faculté n'a jamais gêné le libre arbitre des assemblées. — Avant que le décret du

pour contravention entraînant la peine de l'emprisonnement, qu'après que le Sénat a autorisé la poursuite. (*Id.*, art. 6.)

La Chambre des communes fait l'office de jury d'accusation pour tous les crimes de haute trahison et en cas de poursuite contre les ministres. Mais c'est la Chambre des lords qui les juge.

24 novembre eût accordé au Sénat la publicité de ses discussions [1], on pouvait craindre, jusqu'à un certain point, que l'Empereur, malgré sa ferme volonté de voir fonctionner sérieusement la Constitution et de laisser le premier de nos corps politiques « prendre le rôle indépendant, salutaire, conservateur des anciens parlements [2], » ne refusât quelquefois sa sanction à de bonnes mesures ; car il est bien difficile qu'il puisse incessamment veiller à la stricte exécution de toutes ses pensées, et les ministres qui ont auprès de lui l'autorité résultant de la pratique détaillée des affaires, découvrent parfois de véritables dangers là où il semblait n'en exister aucun. — Mais aujourd'hui la reproduction obligée des débats législatifs ne permettrait pas plus au gouvernement impérial qu'au gouvernement britannique de résister aux manifestations qui se produisent dans le sein des deux Chambres, lorsqu'elles sont l'expression du sentiment public. — Le nombre de ses membres, limité par la Constitution, donne même au Sénat une autorité et une indépendance que n'ont

---

[1] Par suite d'une étrange contradiction, la publicité des débats du Sénat n'a pas eu pour conséquence la publicité de ses séances.

[2] Préambule de la Constitution.

jamais eues ni la Chambre des pairs ni la Chambre des lords [1].

L'Empereur est libre de dissoudre le Corps législatif et de mettre ainsi le pays en demeure de se prononcer sur les mesures qui n'auraient pas obtenu l'assentiment de ses mandataires. C'est un moyen de trancher les difficultés auquel il convient de n'avoir recours que dans de rares circonstances, mais enfin c'est un moyen qui a presque toujours réussi dans d'autres temps. Lorsqu'au contraire il s'agit du Sénat, la Constitution de 1852 est beaucoup moins favorable au souverain que celles qui l'ont précédée. Personne n'a oublié les créations de pairs de la Restauration; l'ordonnance du 5 mars 1819 appelait à la pairie héréditaire soixante et un partisans du ministère de

---

[1] Le Sénat compte 150 membres, non compris les hauts dignitaires qui en font partie de droit. — Il se compose : 1° des cardinaux, des maréchaux, des amiraux; 2° des citoyens que l'Empereur juge convenable d'élever à la dignité de senateur (C., art. 20), sans qu'ils soient obligés de se trouver, comme les anciens pairs, dans certaines catégories.

En Angleterre, le nombre des pairs temporels n'est pas limité. Les pairies sont héréditaires par les mâles, quelquefois même par les femmes, selon les termes des lettres patentes qui les instituent. — On peut aussi créer des pairs temporels à vie, mais on n'a guère usé de ce droit qu'à l'égard des fils aînés de pairs, dont quelques-uns ont été ainsi appelés à siéger du vivant de leurs pères. Tel a été notamment le cas de lord Stanley, appelé en 1832 à siéger dans la Chambre des lords du vivant du comte de Derby.

M. Decazes, celle du 5 novembre 1827 soixante-seize amis politiques de M. de Villèle, et l'histoire d'Angleterre offre d'aussi nombreux et de plus anciens exemples que la nôtre de *fournées* ayant pour but de changer les majorités [1]. La reine Victoria seule a créé plus de cinquante pairs; et nul n'a songé à reproduire la proposition de Sunderland qui, sous Georges Ier, proposa un bill tendant à restreindre la prérogative royale en fixant le maximum des membres de la Chambre des lords [2].

L'impossibilité d'augmenter le nombre des sénateurs sans leur assentiment, puisque toute modification à la Constitution doit être préalablement consentie par eux, deviendrait, en cas de conflit, un grave embarras.

Le gouvernement impérial que l'on taxe d'absolu-

[1] Sous la reine Anne, Harley institua douze pairs pour faire accepter le traité d'Utrecht et se maintenir au pouvoir, Pitt en nomma huit en 1790 et dix en 1794 pour lutter contre l'opposition des whigs; en 1832 lord Grey et lord Brougham ne firent passer le bill de réforme qu'en menaçant la Chambre des lords d'user du même procédé.

[2] Ce bill passa à la Chambre des lords, mais fut repoussé par les communes. — L'unique restriction est relative à l'Irlande. Le paragraphe IV de l'acte d'union ne reconnaît au roi d'Angleterre le droit de créer des pairs pour l'Irlande qu'à la condition que le nombre de ces pairs n'excédera pas celui qui existait le 1er janvier 1801. — Les princes du sang ne sont pas de droit membres de la Chambre des lords. Le prince de Galles a été créé pair en 1849.—Les princes français appelés éventuellement à l'hérédité et leurs descendants sont membres du Sénat et du Conseil d'État quand ils ont atteint l'âge de dix-huit ans accomplis; mais ils ne peuvent y siéger qu'avec l'agrément de l'Empereur. (S. c. du 25 décembre 1852.)

tisme, que l'on accuse de n'être que l'expression de la
volonté d'un seul, que l'on a tant de fois représenté
dans vos journaux comme étant à l'abri de tout contrôle,
et qui, avant la discussion de l'adresse, passait peut-
être à vos yeux pour n'avoir dans le Corps législatif
qu'une réunion de députés sans mandat et sans indépendance, dans le Sénat qu'une assemblée sans attributions et prête à tout accepter bouche close, ce gouvernement sur lequel le décret du 24 novembre a
permis que se fît enfin la lumière, non-seulement a
donné à la représentation nationale la garantie, assez
large pour être incorruptible, du suffrage universel,
mais afin d'avoir constamment un vigilant « gardien
des libertés publiques et des bases fondamentales de
l'Empire », il s'est imposé des règles que n'ont jamais
acceptées les gouvernements en apparence les plus
libéraux; il s'est volontairement placé dans une impasse constitutionnelle qui lui impose le devoir de toujours marcher d'accord avec un Sénat inamovible, sans
le concours duquel il lui est interdit de modifier les conditions légales de son existence.

Le souvenir qu'on a gardé de la Constitution de
l'an VIII, amendée par le sénatus-consulte organique

du 18 mai 1804 [1], contribue beaucoup à diminuer le prestige du Sénat et du Corps législatif. Le Sénat n'ayant, sous le premier Empire, qu'une autorité nominale, on a cru que son action ne serait pas moins restreinte de nos jours. Ceux qui, de bonne foi, ont émis cette opinion, n'ont pas assez tenu compte de la différence des temps et des progrès qu'ont faits, pendant quarante années, les idées libérales. Le régime qu'avait créé le premier Consul était,

[1] D'après la constitution de l'an VIII, il y avait trois degrés d'élections, déterminés par la liste de confiance, la liste départementale et la liste nationale. La première devait contenir environ cinq cent mille noms, et était composée d'un nombre égal au dixième de celui des habitants de l'arrondissement communal; la seconde était formée par les citoyens portés sur la liste communale, chargés d'élire un dixième d'entre eux, et la liste nationale était composée des membres inscrits sur la liste du département, toujours dans la proposition d'un dixième. Et c'était sur ces listes que devaient être choisis les fonctionnaires communaux et départementaux, et les membres du Tribunat et du Corps législatif. Les membres du Tribunat et ceux du Corps législatif étaient nommés par le Sénat, qui, d'abord composé de soixante membres, devait s'élever en dix années à quatre-vingts, deux par an. Les nouveaux sénateurs devaient être choisis par le Sénat lui-même sur une liste de trois candidats, le premier présenté par le Corps législatif, le second par le tribunat, le troisième par le premier consul. Il ne choisissait qu'entre deux candidats si l'un des deux était proposé par deux des trois autorités présentantes; il était tenu d'admettre celui qui était à la fois proposé par les trois autorités. — Le sénatus-consulte organique de 1804 décida que le Sénat se composerait : 1° des princes français ayant atteint leur dix-huitième année; 2° des titulaires des grandes dignités de l'empire; 3° des quatre-vingts membres nommés sur la présentation de candidats choisis par l'Empereur sur les listes formées par les colléges électoraux de département; 4° des citoyens que l'Empereur jugerait convenable d'élever à la dignité de sénateurs. Art 57. — (C. de l'an VIII, tit. Ier, art. 6, 7, 8, 9, 15, 16 et 20).

on ne saurait trop le répéter, l'expression des besoins d'une époque de transition. Il fallait, en s'appuyant sur les principes inaugurés en 1789, empêcher, par une énergique concentration de tous les pouvoirs entre les mains du chef de l'État, le développement excessif de ces principes, dénaturés en 1793. De là, le rôle effacé des corps politiques. Depuis lors, l'usage de la liberté et l'habitude d'une juste pondération entre les pouvoirs sont devenus une nécessité impérieuse. Aussi le gouvernement qu'a établi Napoléon III n'est-il pas la négation, mais la consécration des idées de 1789; il doit aider à leur expansion, car il lui serait impossible de les comprimer.

On a souvent affirmé que la Constitution de 1852,
attribuant à l'Empereur une omnipotence presque absolue à certains égards, avait le défaut de ne pouvoir
être appliquée que par son auteur, c'est-à-dire par un
esprit aussi sage que sincèrement libéral. L'exposé
succinct, mais exact, que je vous ai fait de notre mécanisme gouvernemental a dû vous convaincre que cette
omnipotence est moins complète qu'on ne se plaît à le
croire; que les grands corps politiques ne se bornent
pas à enregistrer les décisions émanées du souverain ,
qu'ils sont un utile contre-poids à son autorité, et que
des précautions — aussi réelles et plus logiques qu'en
Angleterre — étant prises afin d'assurer le libre contrôle de tous ses actes, le souverain, quel qu'il fût, ne
pourrait, dans aucune circonstance, agir contrairement
aux besoins et aux vœux du pays.—Le Conseil d'État,
en amendant ou en combattant les projets de loi ou
de décret qui doivent lui être préalablement soumis;

les députés, en refusant de voter les lois évidemment
contraires à l'intérêt public, le budget des différents
ministères ou les subsides que réclamerait le gouvernement pour une guerre qui ne paraîtrait pas suffisamment justifiée; les électeurs, éclairés par la reproduction intégrale de nos débats, en confirmant, — si
la Chambre était dissoute — le mandat de leurs représentants; enfin le Sénat, en repoussant les projets de
sénatus-consulte qui auraient pour but de modifier la
Constitution, et en mettant au besoin les ministres en
accusation, empêcheraient légalement et irrésistiblement l'Empereur de persister dans les voies dangereuses
d'où les adresses du Sénat et du Corps législatif auraient été impuissantes à le détourner.

Sans doute diverses améliorations que l'expérience
a déjà indiquées et d'autres qu'indiquera l'usage des
nouveaux droits dont nous venons de faire un premier
essai, devront être apportées encore au gouvernement
impérial; et il ne faudrait pas le considérer comme le
dernier type de la perfection. Mais quel frein plus
sérieux le régime parlementaire impose-t-il donc au
chef de l'État? Où trouvez-vous à la fois de plus
efficaces garanties pour la stabilité et pour une équi-

table liberté? Qui pourra mieux réaliser que nous ne le ferons bientôt, avec de tels éléments, cette prévoyante maxime de Cicéron : « *Statuo esse optime constitutam rempublicam quæ ex tribus generibus illis, regali, optimo et populari* MODICE *confusa?* »

SOMMAIRE.

PARIS. TYPOGRAPHIE DE HENRI PLON, IMPRIMEUR DE L'EMPEREUR, RUE GARANCIÈRE, 8.

9 782013 592628